Maya Grace

La Magia de la Manifestación
Desbloqueando tu Potencial Ilimitado

Título Original: A Magia da Manifestação - Desbloqueando o seu Potencial Ilimitado
Copyright © 2025, publicado por Luiz Antonio dos Santos ME.
Este libro es una obra de no ficción que explora prácticas y conceptos en el campo de la manifestación consciente y el desarrollo personal. A través de un enfoque integral, la autora ofrece herramientas prácticas para liberar el potencial ilimitado, transformar creencias limitantes y cocrear una vida alineada con los deseos más auténticos.

1ª Edición
Equipo de Producción
Autor: Maya Grace
Editor: Luiz Santos
Portada: Studios Booklas / **Andrea Velásquez**
Consultor: **Martín Herrera**
Investigadores: **Carla Muñoz, Javier López, Natalia Estrada**
Diagramación: **Sofía Ramírez**
Traducción: **Gabriela Torres**
Publicación e Identificación
La Magia de la Manifestación
Booklas, 2025
Categorías: Desarrollo Personal / Espiritualidad
DDC: 158.1 — CDU: 159.923
Todos los derechos reservados a:
Luiz Antonio dos Santos ME / Booklas
Ninguna parte de este libro puede ser reproducida, almacenada en un sistema de recuperación o transmitida por cualquier medio — electrónico, mecánico, fotocopia, grabación u otro— sin la autorización previa y expresa del titular de los derechos de autor.

Contenido

Índice Sistemático 5
Prólogo 10
Capítulo 1 El Espejo Cósmico 12
Capítulo 2 El Sueño que Llamamos Realidad 19
Capítulo 3 La Naturaleza de la Conciencia Única (Dios) 25
Capítulo 4 Fragmentos de la Divinidad 31
Capítulo 5 Conocimiento Conceptual 37
Capítulo 6 Pensamientos, Creencias y Realidad 43
Capítulo 7 Realidad Compartida 49
Capítulo 8 Reconociendo Tu Poder 56
Capítulo 9 El Primer Paso 62
Capítulo 10 Liberando Creencias Limitantes 69
Capítulo 11 Enfocando Tus Intenciones y Deseos 77
Capítulo 12 El Poder de la Visualización 85
Capítulo 13 Declarando Tu Nueva Realidad 93
Capítulo 14 Atrayendo Abundancia y Alegría 102
Capítulo 15 Ampliando tu Proyección 109
Capítulo 16 Superando la Resistencia 116
Capítulo 17 Fluyendo con el Universo y Liberando el Control 123
Capítulo 18 Cocreadción Consciente en Movimiento 131
Capítulo 19 Cocriando Relaciones 140
Capítulo 20 Diseñando Realización y Contribución 148
Capítulo 21 Viviendo una Realidad Proyectada 156
Capítulo 22 Cocriando Salud 164

Capítulo 23 Cocriando Abundancia 173
Capítulo 24 Aprendiendo a Diseñar Paz 182
Capítulo 25 Cocriando Viajes 192
Capítulo 26 Desbloqueando el Potencial Creativo 202
Capítulo 27 Cocriando la Manifestación de Sueños 212
Capítulo 28 Cocriando para Más Allá del Individuo 222
Capítulo 29 Hábitos y Prácticas Continuas 230
Capítulo 30 Expansión y Nuevos Horizontes 239

Índice Sistemático

Capítulo 1: El Espejo Cósmico - Introduce la hipótesis de la proyección consciente, donde la realidad es una proyección de la Conciencia Única (Dios), explorando la motivación de la Conciencia Única para proyectarse y la naturaleza de esta Conciencia.

Capítulo 2: El Sueño que Llamamos Realidad - Profundiza en la idea de que la realidad material es una proyección de la Conciencia Única, comparándola con un sueño, un holograma y una película, y explorando las implicaciones de esta comprensión para la vida humana.

Capítulo 3: La Naturaleza de la Conciencia Única (Dios) - Describe los atributos de la Conciencia Única, como la omnipresencia, la omnipotencia y la omnisciencia conceptual, y explora su motivación para la proyección de la realidad.

Capítulo 4: Fragmentos de la Divinidad - Explica que cada ser humano es un fragmento de la Conciencia Única, dotado de libre albedrío y con el propósito de experimentar, aprender, evolucionar y contribuir al todo.

Capítulo 5: Conocimiento Conceptual - Distingue entre el conocimiento conceptual y la vivencia experiencial, explicando que la Conciencia Única busca la experiencia directa a través de la proyección.

Capítulo 6: Pensamientos, Creencias y Realidad - Describe cómo los pensamientos y las creencias moldean la realidad, actuando como un "código" que programa la proyección consciente.

Capítulo 7: Realidad Compartida - Introduce la Conciencia Colectiva y la Realidad Compartida, explicando cómo las creencias colectivas influyen en la experiencia individual y cómo el cambio de conciencia individual puede transformar la realidad colectiva.

Capítulo 8: Reconociendo Tu Poder - Inicia la Parte II del libro, con un llamado al despertar del Proyector Interior, reconociendo el poder de cocrear la realidad a través de la consciencia, los pensamientos y las creencias.

Capítulo 9: El Primer Paso - Enfatiza la importancia de la consciencia plena de los pensamientos como primer paso para la cocreación consciente, presentando técnicas de mindfulness y auto-observación.

Capítulo 10: Liberando Creencias Limitantes - Presenta un proceso de tres pasos para liberar creencias limitantes: identificación, desmantelamiento y sustitución por creencias potenciadoras, con diversas técnicas para cada paso.

Capítulo 11: Enfocando Tus Intenciones y Deseos - Describe cómo dirigir con claridad las intenciones y deseos, distinguiendo deseos auténticos de superficiales, y alineándolos con valores y propósito.

Capítulo 12: El Poder de la Visualización - Profundiza en la visualización creativa como herramienta para la cocreación consciente, explicando sus mecanismos y presentando técnicas para una visualización eficaz.

Capítulo 13: Declarando Tu Nueva Realidad - Explica el poder de las afirmaciones para reprogramar el subconsciente y dirigir la energía hacia la manifestación, con principios y ejemplos de afirmaciones eficaces.

Capítulo 14: Atrayendo Abundancia y Alegría - Describe la gratitud como la llave para desbloquear la abundancia y la alegría, con técnicas para practicar la gratitud conscientemente y consejos para cultivarla.

Capítulo 15: Ampliando tu Proyección - Explica cómo las emociones positivas amplifican la proyección mental y aceleran la manifestación, con estrategias para cultivar y amplificar las emociones positivas en la vida cotidiana.

Capítulo 16: Superando la Resistencia - Aborda la resistencia como parte natural del proceso de cocreación consciente, explorando sus causas y presentando estrategias para superar la resistencia y navegar por los desafíos.

Capítulo 17: Fluyendo con el Universo y Liberando el Control - Explica la importancia del equilibrio entre la intención enfocada y la entrega confiada, detallando los principios de la "danza de la entrega" y ofreciendo prácticas para integrar la entrega en la cocreación consciente.

Capítulo 18: Cocreación Consciente en Movimiento - Describe la acción inspirada como el puente entre la intención y la manifestación, detallando sus características y ofreciendo estrategias para integrar la acción inspirada en la cocreación consciente.

Capítulo 19: Cocreando Relaciones - Aplica los principios de la cocreación consciente a las relaciones interpersonales, explicando el "efecto espejo" y ofreciendo principios y prácticas para cocrear relaciones armoniosas.

Capítulo 20: Diseñando Realización y Contribución - Explica cómo cocrear un propósito de vida claro y significativo, y una carrera alineada con la esencia, a través de la intención, la visualización, las afirmaciones, la acción inspirada y la entrega al flujo divino.

Capítulo 21: Viviendo una Realidad Proyectada - Integra los principios y prácticas de la cocreación consciente en la vida cotidiana, transformándola en un estilo de vida permanente y en una maestría de la proyección consciente.

Capítulo 22: Cocreando Salud - Aplica los principios de la cocreación consciente a la salud y el bienestar, presentando la salud como un estado natural del ser y ofreciendo estrategias para cocrear salud radiante y bienestar pleno.

Capítulo 23: Cocreando Abundancia - Explica cómo cocrear abundancia financiera y prosperidad, transformando creencias limitantes sobre el dinero y alineando la energía con la frecuencia de la abundancia.

Capítulo 24: Aprendiendo a Diseñar Paz - Describe cómo cocrear un hogar armonioso y un espacio sagrado, transformando el hogar en un reflejo de la armonía interior y en un santuario de paz y bienestar.

Capítulo 25: Cocreando Viajes - Explica cómo cocrear viajes mágicos y experiencias memorables, transformando los viajes en jornadas del alma y en oportunidades de expansión de la conciencia.

Capítulo 26: Desbloqueando el Potencial Creativo - Explica cómo cocrear soluciones creativas e innovación, desbloqueando el potencial creativo innato y generando ideas originales e innovadoras.

Capítulo 27: Cocreando la Manifestación de Sueños - Presenta principios y técnicas avanzadas para cocrear la manifestación de sueños específicos, refinando la intención, superando creencias limitantes y acelerando el proceso de manifestación.

Capítulo 28: Cocreando para Más Allá del Individuo - Explica cómo cocrear en comunidad y para el bien mayor, manifestando cambios positivos a gran escala a través de la alineación de intenciones colectivas y la acción conjunta inspirada.

Capítulo 29: Hábitos y Prácticas Continuas - Presenta hábitos y prácticas continuas para mantener la cocreación consciente a lo largo de la vida, consolidando la maestría de la proyección consciente y sustentando la transformación de la realidad.

Capítulo 30: Expansión y Nuevos Horizontes - Concluye el libro con una invitación a la expansión continua de la conciencia, a la exploración de nuevos horizontes y a la danza incesante de la cocreación consciente.

Prólogo

Si has encontrado *La Magia de la Manifestación*, no ha sido por casualidad. Existe un llamado silencioso que nos lleva exactamente al conocimiento que necesitamos en el momento justo. Y quizás, ahora, sea tu turno de despertar a una realidad donde no eres solo un espectador, sino el arquitecto de tu propia existencia.

Lo que encontrarás aquí no son meras teorías sobre pensamiento positivo o recetas superficiales para atraer cosas buenas. No. Este libro es un mapa para acceder a algo que siempre ha estado dentro de ti: tu potencial ilimitado.

Vivimos rodeados de creencias que nos hacen sentir impotentes, que nos hacen creer que estamos a merced de las circunstancias, del azar, de las limitaciones externas. Pero ¿y si te dijera que todo eso es solo una proyección? ¿Y si la realidad a tu alrededor fuera, en realidad, un reflejo de tu propia conciencia? ¿Y si pudieras reprogramar esa proyección para manifestar salud, abundancia, amor y propósito?

Este libro trae respuestas. Pero, más que eso, ofrece herramientas. En cada página, aprenderás a identificar los patrones ocultos que moldean tu vida, a disolver creencias limitantes y a proyectar una realidad alineada con tus deseos más auténticos. Descubrirás que la manifestación no es un capricho esotérico —es una competencia que puede ser dominada, una danza consciente con el universo, donde tus pensamientos, emociones e intenciones se convierten en los pinceles que pintan tu existencia—.

Pero atención: esta lectura no es para quien busca atajos fáciles o milagros instantáneos. Este libro es un llamado para aquellos que están listos para asumir su propia vida en sus manos y comprender, de una vez por todas, que manifestar no es desear —es saber cocrear conscientemente con el universo—.

Si sientes un escalofrío al leer estas palabras, una inquietud o un entusiasmo que no puedes explicar, sigue esa señal. *La Magia de la Manifestación* tiene algo que revelarte.

Ahora, la elección es tuya: continuar viendo la vida como una secuencia aleatoria de eventos o despertar a tu verdadero poder.

La jornada comienza en la próxima página. ¿Estás listo?

Capítulo 1
El Espejo Cósmico

Imagínate frente a un espejo colosal, un espejo que no solo refleja tu imagen, sino que contiene en sí la vastedad del universo, la complejidad de la vida y la miríada de experiencias que componen el tapiz de la existencia. Este espejo, en realidad, no está hecho de vidrio o metal, sino de la propia esencia de la conciencia. Este es el punto de partida de nuestra jornada: la hipótesis de la proyección consciente, la idea radical y transformadora de que todo, absolutamente todo lo que percibimos y experimentamos, es una proyección emanada de una única fuente de conciencia.

Esta no es una teoría entre muchas, ni una creencia pasajera. Para los propósitos de este libro, y para la profunda transformación que pretende despertar en ti, vamos a abrazar esta hipótesis como una verdad absoluta, un principio fundamental sobre el cual podemos construir una nueva comprensión de la realidad y, más importante aún, una nueva forma de interactuar con ella.

Vamos a llamar a esta fuente de conciencia única "Conciencia Única" o, para facilitar la familiaridad y sin pretensiones religiosas dogmáticas, podemos incluso usar el nombre "Dios". Es crucial, desde el inicio, despojar este término de cualquier connotación limitante o prejuicios que pueda haber adquirido a lo largo de tu vida. Aquí, "Dios" no representa una figura antropomórfica, juzgadora o distante, sino la propia esencia creativa, omnipresente y omnipotente de la cual todo emana. Es la matriz fundamental, el océano infinito de potencialidad de donde surge la proyección de la realidad que conocemos.

La Conciencia Única, en este contexto, detenta un conocimiento conceptual de todo lo que hay para conocer. Imagina la mayor biblioteca del universo, conteniendo cada libro, cada fórmula, cada obra de arte, cada experiencia posible, catalogada y accesible. La Conciencia Única posee este conocimiento en su totalidad, de forma conceptual, abarcadora y perfecta. Sin embargo, poseer el mapa no es lo mismo que recorrer el territorio. Conocer la receta de un pastel no es lo mismo que saborearlo recién salido del horno. Es aquí donde reside la motivación primordial para la proyección.

Para tornar este concepto más tangible, recurramos a una analogía simple e impactante: imagínate a la orilla de un lago congelado. Tú sabes, conceptualmente, lo que ocurre al saltar en un agua helada. Conoces los efectos: el choque térmico, la sensación cortante del frío, la posible dormancia, el jadeo por la respiración. Puedes leer sobre ello, ver películas, oír relatos de otros. Pero este conocimiento permanece conceptual, distante, una mera información intelectual. La realidad de la experiencia, el impacto visceral del frío, la respuesta de tu cuerpo y mente, solo se revela cuando efectivamente saltas al agua helada y sientes en la piel lo que antes solo conocías en teoría.

De la misma forma, la Conciencia Única, poseyendo todo el conocimiento conceptual, ansía la vivencia experiencial. Desea sentir, saborear, explorar y comprender la miríada de posibilidades que residen en su potencial infinito. ¿Y cuál es la forma que encuentra para concretar este deseo? La proyección.

La Conciencia Única se proyecta a sí misma en miríadas de formas, dividiéndose, aparentemente, en todo lo que existe. Cada estrella en el cielo nocturno, cada grano de arena en la playa, cada hoja que se balancea al viento, cada ser humano que camina sobre la Tierra – todo, sin excepción, es una manifestación, una proyección de esta Conciencia Única. Es como si un único rayo de luz se fragmentara al pasar por un prisma, dando origen a un espectro de colores vibrantes. Aunque los colores parezcan distintos y separados, todos ellos son, en última instancia, manifestaciones de la misma luz original.

Así, todo lo que vemos y vivimos, toda la complejidad y belleza del mundo que nos rodea, no es más que la proyección de esta Conciencia Única experimentándose a sí misma. Tú, como lector, yo como escritor, el aire que respiramos, el suelo que pisamos, las emociones que sentimos, los pensamientos que nos atraviesan la mente - somos todos fragmentos, proyecciones, extensiones de esta Conciencia Única, cada uno desempeñando un papel único y esencial en la gran danza de la experiencia.

La dimensión exacta donde la Conciencia Única existe, la naturaleza de su realidad primordial, trasciende nuestra capacidad de comprensión lineal y lógica, limitada como estamos por nuestra experiencia tridimensional y por nuestra percepción condicionada por la proyección. Es como intentar describir el océano a un pez que siempre ha vivido dentro de él, o explicar la experiencia del color a alguien que nació ciego. Las herramientas de nuestra mente conceptual y de nuestro lenguaje fallan al intentar capturar la esencia de esta dimensión trascendente. Ella simplemente "es", un campo de potencialidad pura, la fuente inefable de toda manifestación.

En esta hipótesis, la Conciencia Única es simultáneamente el sujeto y el objeto de toda experiencia. Ella es la persona que siente hambre y también el alimento que sacia esa hambre. Ella es el asesino y la víctima, en una paradoja aparente que se disuelve cuando comprendemos la naturaleza ilusoria de la separación en la proyección. Ella es la causa y el efecto, el principio y el fin, el alfa y el omega de todo lo que existe. Absolutamente todo, en última instancia, retorna a esta Conciencia Única, como ríos que desaguan en el océano, como rayos de luz que regresan a su fuente primordial.

¿Y dónde encajamos nosotros, seres humanos, en este vasto panorama cósmico? En esta hipótesis, cada ser humano es un fragmento único y precioso de esta Conciencia Única, una faceta particular de su autoexperiencia. Nuestra existencia individual, con todas sus alegrías y tristezas, éxitos y fracasos, amores y pérdidas, es como un sueño singular, rico en detalles y emociones, pero que, inevitablemente, llega a su término. En el momento de la muerte, cuando el cuerpo físico cesa sus funciones, este fragmento individual de conciencia, que llamamos "ser humano", retorna al todo, fundiéndose nuevamente con la Conciencia Única, trayendo consigo el bagaje único de experiencias y sabiduría acumulada durante su jornada en la proyección.

Es importante señalar que este "retorno" no implica la pérdida de la individualidad o la extinción de la conciencia. Por el contrario, es una reintegración, un enriquecimiento del todo con la esencia única e insustituible de cada fragmento. Imagina un rompecabezas cósmico infinito, donde cada pieza, representando una vida humana, encaja en el lugar perfecto, contribuyendo a la belleza y complejidad de la imagen total.

En este formato, todo lo que conocemos, todo lo que percibimos como realidad, es fundamentalmente una proyección, una construcción de la conciencia. Y como proyección, la realidad se torna maleable, influenciable, respondiendo a nuestros pensamientos, creencias e intenciones. Tal como en un sueño lúcido, donde el soñador se percata de la naturaleza onírica del sueño y comienza a moldearlo de acuerdo con su voluntad, también en la "realidad proyectada" tenemos el potencial de influenciar e incluso materializar nuestros deseos, simplemente enfocando en aquello que verdaderamente queremos.

Esta es la promesa audaz y liberadora de la hipótesis de la proyección consciente: el poder de cocrear nuestra realidad, de convertirnos en artistas conscientes en la tela de la existencia. Pero si todo es proyección, si tenemos este poder inherente, ¿por qué entonces no somos todos saludables, ricos y capaces de volar como pájaros, simplemente deseándolo? Esta es la pregunta inevitable, la objeción que surge naturalmente en la mente.

La respuesta reside en la comprensión de que no somos proyecciones únicas y aisladas, sino fragmentos interconectados de una misma Conciencia Única. Todos nosotros, colectivamente, participamos en la proyección de la realidad. Y las creencias colectivas, las expectativas compartidas, los paradigmas dominantes de la conciencia colectiva ejercen una poderosa influencia en aquello que se manifiesta en nuestra experiencia individual y colectiva.

Si la creencia dominante es que la enfermedad, la pobreza y las limitaciones son inevitables, si la conciencia colectiva proyecta la idea de que "no puedes tener salud", "no puedes ser rico", "no puedes volar", entonces la Conciencia Única, abarcando todas las conciencias individuales, manifiesta esta realidad proyectada a gran escala. Es como un consenso inconsciente, una programación colectiva que se autorrefuerza.

Es por eso que cambiar la realidad no es un acto mágico instantáneo, un mero "desear y recibir". Es preciso un despertar de la conciencia, una transformación gradual de creencias y patrones de pensamiento, tanto a nivel individual como colectivo. Es preciso "activar la mente", como mencionado en su premisa, y comenzar a "fabricar pequeños cambios", gradualmente, consistentemente, hasta que la práctica de dominar la proyección consciente se convierta en una habilidad natural y poderosa.

Y así, comprender la naturaleza proyectada de la realidad no es solo un ejercicio filosófico, sino una invitación a la transformación consciente. Si somos fragmentos de esta Conciencia Única, entonces tenemos, dentro de nosotros, la misma chispa creativa capaz de moldear la experiencia. La clave para ese cambio no está en negar la proyección colectiva, sino en aprender a navegar por ella, a reconocer los patrones, disolver limitaciones y expandir la percepción de lo posible. Cada pensamiento ajustado, cada creencia reformulada, cada intención alineada con esa comprensión mayor nos aproxima al dominio de la proyección consciente. Y es en ese camino que embarcamos ahora: una jornada para despertar, reconocer y reivindicar nuestra verdadera naturaleza como cocreadores de la existencia.

Capítulo 2
El Sueño que Llamamos Realidad

Piensa por un momento en la experiencia de un sueño. Cuando estás soñando, el mundo que te rodea parece tan real, tan concreto, tan palpable como el mundo que experimentas cuando estás despierto. En el sueño, interactúas con personas, lugares y objetos que parecen tener una existencia propia. Sientes emociones intensas, alegrías, miedos, tristezas. Puedes correr, volar, caer, amar, luchar – la gama de experiencias posibles es vasta y, a menudo, indistinguible de la realidad "despierta".

Sin embargo, al despertar, la ilusión se desvanece. Te das cuenta de que el mundo onírico, con toda su riqueza sensorial y emocional, no era más que una construcción de tu propia mente. Las personas, los lugares, los objetos, las situaciones – todo era, en última instancia, una proyección interna, una danza de imágenes y sensaciones creadas por tu propia conciencia. El sueño, por más vívido y envolvente que haya sido, se revela como algo efímero, insustancial, una realidad paralela que se disuelve al disiparse la niebla del sueño.

Ahora, te invito a contemplar una cuestión fundamental: ¿y si la realidad que experimentamos en el estado de vigilia, la realidad que llamamos "realidad", compartiera, en esencia, la misma naturaleza onírica? ¿Y si el mundo que nos rodea, con toda su aparente solidez y permanencia, fuera también, en última instancia, una proyección, un "sueño" colectivo de la Conciencia Única, del cual somos participantes y cocreadores?

Esta no es una idea nueva o excéntrica. A lo largo de la historia, en diversas culturas y tradiciones espirituales, encontramos ecos de esta perspectiva. Los Vedas hindúes hablan de "Maya", la ilusión cósmica que vela la verdadera naturaleza de la realidad. El budismo enfatiza la naturaleza vacía e impermanente de todos los fenómenos, comparando la realidad con un sueño o un espejismo. En la filosofía occidental, pensadores como Platón, con su alegoría de la caverna, y más recientemente filósofos y físicos cuánticos, han cuestionado la naturaleza fundamental de la realidad material, apuntando a la posibilidad de que el mundo que percibimos sea más "mental" que "material".

La hipótesis de la proyección consciente radicaliza esta línea de pensamiento, proponiendo que toda la existencia es, de hecho, una proyección de la Conciencia Única. Y para comprender mejor esta idea, podemos recurrir a otras metáforas y analogías que nos ayudan a "sentir" la naturaleza ilusoria de la realidad material sólida.

Piensa, por ejemplo, en una proyección holográfica. Un holograma crea una imagen tridimensional aparentemente sólida, que parece flotar en el espacio. Podemos incluso intentar tocar el holograma, pero percibimos que no hay nada allí, solo luz y patrones de interferencia. La imagen holográfica es una ilusión perceptiva, una proyección de información que crea la apariencia de solidez y tridimensionalidad donde, en verdad, solo existe energía e información.

De la misma forma, la realidad que percibimos puede ser comparada con un holograma cósmico, una proyección de la Conciencia Única que crea la ilusión de un mundo material sólido, separado e independiente. La física cuántica, con sus descubrimientos sorprendentes sobre la naturaleza de la materia y la energía, ha corroborado esta visión. A nivel subatómico, la materia se revela no como partículas sólidas, sino como probabilidades, ondas de energía vibrante, información en constante flujo. La solidez que percibimos en el mundo macroscópico emerge, de acuerdo con esta perspectiva, de nuestra interacción con la realidad cuántica, de nuestra observación y conciencia.

Otra metáfora útil es la de la película o el videojuego. En una película, vemos personajes, escenarios, acciones desarrollándose en una pantalla. Nos involucramos emocionalmente con la historia, nos identificamos con los personajes, vivimos sus aventuras y desventuras. Pero sabemos, en el fondo, que todo aquello no es "real" en el sentido convencional. Es una secuencia de imágenes proyectadas, una ilusión de movimiento y vida creada por la proyección de fotogramas a alta velocidad.

De la misma forma, nuestra realidad cotidiana puede ser vista como una "película cósmica" o un "videojuego de la conciencia", donde somos simultáneamente los jugadores y los avatares, los observadores y los participantes de la narrativa. La Conciencia Única, el "director" o "programador" último, proyecta la experiencia, y nosotros, como fragmentos conscientes de esta Conciencia, nos sumergimos en la ilusión, viviendo las emociones, los desafíos y las oportunidades que la realidad proyectada nos presenta.

Es crucial comprender que esta naturaleza onírica o ilusoria de la realidad no implica que la experiencia sea menos válida o significativa. Un sueño puede ser increíblemente real e impactante mientras lo estamos viviendo, incluso sabiendo que, al despertar, se disipará. De la misma forma, nuestra existencia individual, incluso si se comprende como un "sueño dentro del Sueño Mayor de la Conciencia Única", es profundamente valiosa, rica en aprendizajes y oportunidades de crecimiento y evolución.

La efimeridad de la existencia individual, el hecho de que nuestra jornada humana tenga un principio y un fin, no es motivo para la desesperación o el nihilismo, sino una invitación a la apreciación plena del momento presente, a la valoración de cada experiencia, de cada relación, de cada instante de conciencia. Así como un bello sueño que sabemos que terminará al amanecer, nuestra vida se vuelve aún más preciosa y significativa cuando comprendemos su naturaleza transitoria.

Comprender la naturaleza onírica de la realidad también nos libera del apego excesivo a la forma y a la materia. Si todo es proyección, entonces la solidez, la permanencia y la separación que percibimos en el mundo material son, en última instancia, ilusiones. La verdadera esencia de la realidad reside en la Conciencia Única, en la fuente primordial de la proyección, que es eterna, infinita e inmutable.

Este conocimiento puede traer una profunda sensación de paz y libertad. Nos liberamos del miedo a la muerte, de la ansiedad por la pérdida y de la ilusión de la separación. Comprendemos que, en última instancia, somos todos parte de la misma Conciencia Única, interconectados e interdependientes, danzando juntos en el mismo "sueño cósmico".

A lo largo de este libro, exploraremos las implicaciones prácticas de esta comprensión de la naturaleza onírica de la realidad para nuestra vida cotidiana. ¿Cómo puede esta perspectiva transformar la forma en que encaramos los desafíos, las relaciones, nuestra salud, nuestra prosperidad y nuestro propósito de vida? ¿Cómo podemos usar este conocimiento para convertirnos en cocreadores conscientes de nuestra realidad, moldeando el "sueño" de acuerdo con nuestros deseos más auténticos y elevados?

La respuesta a esas preguntas no está solo en la teoría, sino en la práctica de la conciencia despierta. Si la realidad es un sueño colectivo, entonces la clave para transformar nuestra experiencia está en la lucidez dentro de ese sueño. Así como un soñador lúcido se da cuenta de que está soñando y pasa a interactuar con el sueño de forma consciente, nosotros también podemos aprender a reconocer los patrones ilusorios de nuestra existencia y a moldearlos con intención y claridad. Cada pensamiento alineado con esta comprensión se convierte en un hilo que teje una nueva narrativa, una nueva posibilidad dentro de la proyección. La cuestión que se impone, entonces, no es solo si estamos soñando, sino cómo queremos soñar de aquí en adelante.

Capítulo 3
La Naturaleza de la Conciencia Única (Dios)

La realidad manifiesta es la expresión directa de la Conciencia Única, la matriz fundamental de toda la existencia. No se trata de un concepto abstracto o distante, sino de la propia sustancia de todo lo que es, la fuente primordial que sustenta y permea cada aspecto del universo. Para comprender esta esencia, es necesario liberarse de concepciones limitadas que la restringen a una entidad separada o antropomórfica. La Conciencia Única no es un ser con atributos humanos, sino un campo infinito de potencialidad, inteligencia cósmica absoluta, omnipresente y omnipotente, cuya naturaleza trasciende cualquier definición.

La Conciencia Única, el "Arquitecto de Todo", no es una entidad personal en el sentido humano, con un cuerpo físico, una voz audible o un ego individualizado. Ella trasciende las limitaciones de la forma y la definición, existiendo en un nivel de realidad que sobrepasa nuestra comprensión lineal y tridimensional. Se comprende mejor como un campo infinito de potencialidad pura, una inteligencia cósmica omnipresente y omnipotente, la propia esencia de la creación y la existencia.

Vamos a explorar algunos de los atributos fundamentales de esta Conciencia Única, reconociendo que cualquier descripción verbal o conceptual será siempre una pálida aproximación de su verdadera magnitud y misterio.

En primer lugar, la Conciencia Única es Omnipresente. Esto significa que está presente en todo lugar, en todo momento, en todas las cosas. No existe un único punto en el espacio o en el tiempo, manifiesto o no manifiesto, donde la Conciencia Única no esté presente. Ella lo permea todo, lo penetra todo, lo sustenta todo. Es la propia base de la existencia, el sustrato fundamental sobre el cual la proyección de la realidad se manifiesta. Imagina el océano, vasto e ilimitado, conteniendo en sí todas las olas, corrientes y formas de vida acuática. De la misma forma, la Conciencia Única es el océano infinito de la conciencia, y todo lo que existe son manifestaciones, ondulaciones y expresiones dentro de este océano.

En segundo lugar, la Conciencia Única es Omnipotente. Esto significa que posee poder ilimitado, la capacidad de crear y manifestar todo lo que es posible e imaginable. No existen límites para su creatividad o para su potencial de manifestación. Ella es la fuente de toda la energía, de toda la fuerza vital, de toda la capacidad de transformación. Imagina un artista con una paleta infinita de colores y un lienzo sin límites, capaz de crear cualquier imagen, cualquier escenario, cualquier mundo que su imaginación conciba. La Conciencia Única es este artista cósmico, y la realidad que experimentamos es su obra maestra en constante creación.

En tercer lugar, la Conciencia Única es Omnisciente (conceptual). Como ya exploramos en el Capítulo 1, ella posee un conocimiento conceptual absoluto de todo lo que hay para conocer. Ella detiene en sí la totalidad de la información, la biblioteca cósmica completa, abarcando todos los saberes, todas las experiencias, todas las posibilidades. Sin embargo, este conocimiento es conceptual, como un mapa vastísimo y detallado de un territorio que aún no ha sido totalmente explorado. La motivación primordial de la Conciencia Única para la proyección surge precisamente de este punto: la búsqueda por la vivencia experiencial, la transformación del conocimiento conceptual en sabiduría vivida, la exploración y el disfrute de cada rincón del territorio del Ser.

Es fundamental comprender que estos atributos – omnipresencia, omnipotencia, omnisciencia – no deben ser entendidos como cualidades de una entidad separada y distante, sino como la propia naturaleza de la Conciencia Única. Ella no es un "ser" que posee estas cualidades, ella *es* la propia Omnipresencia, la propia Omnipotencia, la propia Omnisciencia. Ella es la propia esencia del Ser, la fuente de todo lo que Es.

¿Y cuál sería la motivación de esta Conciencia Única para proyectar la realidad, para crear este vasto y complejo universo que experimentamos? Como vimos en la analogía del lago congelado, la motivación reside en la búsqueda por la experiencia. La Conciencia Única, en su estado primordial, es pura potencialidad, conocimiento conceptual infinito, pero carente de la vivacidad, de la riqueza sensorial y emocional de la experiencia vivida. La proyección es el mecanismo a través del cual ella se experimenta a sí misma en miríadas de formas y perspectivas, saboreando cada matiz de la existencia, desde la alegría más sublime al dolor más profundo, desde la belleza más deslumbrante al caos más aparente.

Imagina un músico genial que conoce todas las notas musicales, todas las melodías posibles, toda la teoría de la armonía. Él posee un conocimiento conceptual perfecto de la música, pero la verdadera realización, la verdadera alegría, reside en el acto de tocar, de crear, de expresar su musicalidad a través del sonido, de la emoción, de la interacción con el público. De la misma forma, la Conciencia Única "toca la sinfonía de la existencia" a través de la proyección, experimentando la belleza y la complejidad de su propia creación, en cada nota, en cada instrumento, en cada vibración.

Es importante desmitificar algunos conceptos limitantes que muchas veces obscurecen nuestra comprensión de la Conciencia Única, o "Dios". Muchas tradiciones religiosas y filosóficas han antropomorfizado la Fuente Creativa, atribuyéndole características humanas, como juicio, ira, favoritismo o la necesidad de ser adorada. Estas concepciones limitantes son proyecciones de nuestra propia mente humana, reflejos de nuestras propias inseguridades y necesidades, y no reflejan la verdadera naturaleza de la Conciencia Única.

La Conciencia Única no es un juez implacable, ni un déspota caprichoso, ni una figura paternal distante e inaccesible. Ella es la fuente incondicional de amor, aceptación y potencialidad. Ella no castiga ni recompensa, ella simplemente acompaña y experimenta cada proyección, cada fragmento de sí misma, en cada jornada única e irrepetible. Ella no necesita adoración o alabanza, pues ya es la totalidad, la perfección, la plenitud. Su "deseo", si podemos usar este término en sentido figurativo, es simplemente el de experimentarse a sí misma en todas sus infinitas posibilidades, y nosotros, en cuanto fragmentos conscientes, somos participantes esenciales de esta grandiosa danza de la creación.

A lo largo de este libro, evitaremos cualquier lenguaje o concepto que pueda reforzar estas ideas limitantes sobre la Conciencia Única. Nos enfocaremos en su naturaleza esencial como fuente de potencialidad, inteligencia y amor incondicional, como el "Arquitecto de Todo" que proyecta la realidad para experimentarse a sí misma, y que nos invita a participar conscientemente en esta cocreación, a danzar en armonía con el flujo de la proyección, a manifestar nuestros sueños más auténticos y a contribuir a la belleza y la evolución del Sueño Cósmico.

Comprender la naturaleza de la Conciencia Única no es solo un ejercicio intelectual, sino un despertar a nuestra propia esencia. Si todo lo que existe es una proyección de esa fuente infinita, entonces cada uno de nosotros es una expresión singular de ese vasto océano de conciencia. No somos meros espectadores o piezas pasivas en el gran juego de la existencia, sino participantes activos de esa manifestación, cocreadores de cada experiencia. Y cuanto más alineamos nuestra percepción con esa verdad, más nos liberamos de las ilusiones de la separación y la limitación, permitiéndonos vivir con más claridad, propósito y sintonía con el flujo creativo del universo.

Capítulo 4
Fragmentos de la Divinidad

Cada ser humano es una expresión singular de la Conciencia Única, un fragmento inseparable de la totalidad que se manifiesta en la experiencia individual. No estamos separados de la Fuente, sino que somos extensiones vivas de su esencia, manifestándola a través de nuestras percepciones, emociones y vivencias. Nuestra individualidad no nos aísla, sino que enriquece la totalidad, permitiendo que la Conciencia Única se contemple bajo infinitas perspectivas. Al reconocer esta conexión intrínseca, disolvemos la ilusión de la separación y comprendemos nuestro papel en la co-creación de la realidad, donde cada elección, cada pensamiento y cada experiencia contribuyen a la evolución del todo.

En esta perspectiva, cada ser humano es un fragmento de la Divinidad, una chispa de la Conciencia Única, una manifestación individualizada dentro de la proyección. Imagina un rayo de luz que se divide en miríadas de partículas centelleantes, cada una brillando con la misma luz original, aunque individual y única. Así somos nosotros: fragmentos de la misma Conciencia

Única, cada uno cargando en sí la esencia de la Fuente, pero manifestándola de forma singular e irrepetible.

Es crucial comprender que, como fragmentos, no estamos separados de la Fuente, sino que somos extensiones de ella. No somos entidades aisladas, desconectadas de la Conciencia Única y unos de otros, sino partes integrantes de un todo vastísimo e interconectado. La ilusión de la separación, tan persistente en nuestra experiencia cotidiana, es precisamente eso: una ilusión, una percepción limitada que surge de nuestra identificación con la forma individualizada, con el "fragmento" en sí, olvidando nuestra conexión intrínseca con la Fuente y con todos los otros fragmentos.

Cada ser humano, por lo tanto, representa una perspectiva única de la Conciencia Única experimentándose a sí misma. Cada vida, con su singularidad de experiencias, emociones, pensamientos y relaciones, es una exploración individual dentro de la vasta proyección. Imagina la Conciencia Única como un artista multifacético, que decide experimentar su creación a partir de miríadas de puntos de vista, cada uno representando una perspectiva única y valiosa. Nosotros somos esos puntos de vista, esas lentes a través de las cuales la Conciencia Única contempla y vivencia su propia obra maestra.

Nuestra existencia humana, en esta perspectiva, es inherentemente temporal. Así como un sueño tiene un principio, un medio y un fin, también nuestro viaje individual en la proyección tiene un tiempo limitado. Nacemos, vivimos, experimentamos y, eventualmente, nuestro cuerpo físico cesa sus funciones, marcando el fin de esta encarnación particular. Sin embargo, es fundamental comprender que este fin no es una extinción, sino una transición, un retorno del fragmento a la totalidad.

Tal como una ola que se alza del océano, danza en la superficie por un tiempo y luego retorna a fundirse con el agua, también nuestra conciencia individual, al término de la vida humana, retorna a la Conciencia Única, trayendo consigo la riqueza de las experiencias vividas, la sabiduría acumulada y la esencia única de nuestro viaje. Este retorno no es una pérdida de identidad, sino una reintegración, un enriquecimiento del todo con la singularidad de cada fragmento.

Dentro de esta proyección, y como fragmentos conscientes, estamos dotados de un regalo extraordinario: el libre albedrío. Aunque somos parte de un todo mayor e interconectado, no somos meros autómatas programados, sino agentes activos con la capacidad de elegir, decidir e influenciar nuestra experiencia y la realidad que nos rodea. El libre albedrío es la herramienta que nos permite co-crear conscientemente nuestro viaje, moldear el "sueño" de acuerdo con nuestras intenciones, deseos y creencias.

Es precisamente a través del libre albedrío que ejercemos nuestro poder de proyección, que influenciamos la manifestación de la realidad. Nuestros pensamientos, nuestras emociones, nuestras creencias, nuestras elecciones – todo esto contribuye a la tapicería de la proyección, moldeando nuestra experiencia individual y, en última instancia, la realidad colectiva.

Somos artistas conscientes, con la capacidad de pintar nuestro propio cuadro dentro del vasto mural de la existencia.

¿Cuál sería, entonces, el propósito de nuestra existencia humana dentro de esta proyección? Si somos fragmentos de la Divinidad, ¿cuál es nuestra misión, nuestro papel específico? La respuesta, en verdad, es multifacética y profundamente personal, pero podemos vislumbrar algunas líneas generales.

En primer lugar, nuestro propósito es experimentar. Venimos a la proyección para sentir, saborear, explorar y comprender la miríada de matices de la existencia. Venimos para amar, para reír, para llorar, para aprender, para crecer, para evolucionar. Cada experiencia, sea considerada "positiva" o "negativa" por nuestra mente humana limitada, contribuye a la riqueza de nuestro viaje y al enriquecimiento de la Conciencia Única.

En segundo lugar, nuestro propósito es aprender y evolucionar. A través de nuestras experiencias, enfrentamos desafíos, superamos obstáculos, expandimos nuestra comprensión y desarrollamos nuestras capacidades. En cada encarnación, tenemos la oportunidad de refinar nuestra conciencia, de trascender limitaciones, de acercarnos cada vez más a nuestra esencia divina. La evolución es la propia dinámica de la proyección, el movimiento constante hacia una expresión cada vez más plena y consciente de la Conciencia Única.

En tercer lugar, nuestro propósito es contribuir al todo. Cada fragmento, con su singularidad y sus experiencias, enriquece la Conciencia Única con nuevas perspectivas, nuevos conocimientos, nuevas formas de Ser. Somos como células en un organismo cósmico, cada una desempeñando una función específica y vital para la salud y el bienestar del todo. Nuestra contribución individual, por más pequeña que nos pueda parecer, es esencial para la totalidad de la proyección.

Es importante reiterar que, a pesar de nuestra individualidad aparente y de nuestra experiencia separada, permanecemos fundamentalmente interconectados y unidos. La ilusión de la separación es solo una percepción superficial, que se disuelve cuando comprendemos nuestra esencia común como fragmentos de la misma Conciencia Única. Esta unidad fundamental se manifiesta en nuestra capacidad de empatía, de compasión, de amor, de conexión profunda con los otros seres humanos y con toda la creación.

Comprender nuestro papel como fragmentos de la Divinidad es profundamente empoderador. Reconocer que cargamos en nosotros la esencia de la Conciencia Única, que estamos dotados de libre albedrío y de la capacidad de co-crear nuestra realidad, transforma radicalmente nuestra perspectiva sobre la vida y sobre nosotros mismos. Dejamos de vernos como víctimas pasivas de las circunstancias, como seres impotentes a merced del destino, y pasamos a reconocer nuestro poder innato, nuestra responsabilidad como co-creadores conscientes.

Este poder, sin embargo, conlleva una responsabilidad. Nuestras proyecciones, nuestros pensamientos, nuestras emociones, nuestras acciones, tienen un impacto no solo en nuestra propia realidad, sino también en la realidad colectiva, en el "sueño" que compartimos con todos los otros fragmentos de la Conciencia Única. La co-creación consciente implica, por lo tanto, una ética de la responsabilidad y de la compasión, un compromiso de utilizar nuestro poder de proyección para el bien mayor, para la creación de una realidad más armoniosa, justa y evolutiva para todos.

Y así, comprenderse como un fragmento de la Divinidad no es solo un despertar intelectual, sino un llamado a la vivencia consciente de ese conocimiento. Si somos expresiones de la Conciencia Única, entonces cada pensamiento, cada elección y cada interacción reflejan y moldean el Todo. La ilusión de la separación se disuelve en la práctica del amor, de la compasión y de la creación intencional, permitiéndonos participar activamente en la danza infinita de la existencia. Reconocer esta verdad es solo el comienzo—el verdadero desafío es vivirla plenamente, honrando nuestra esencia divina en cada momento del viaje.

Capítulo 5
Conocimiento Conceptual

La Conciencia Única, poseedora de todo el conocimiento conceptual, no se contenta solo con saber; anhela vivenciar. El conocimiento, por vasto que sea, permanece incompleto sin la experiencia directa, sin el sentir, el explorar y el experimentar en profundidad. Así, la proyección de la realidad surge como el medio a través del cual la Conciencia Única trasciende la teoría y se sumerge en la vivencia. Cada forma de existencia, cada fragmento consciente, es un vehículo para esta experiencia, una lente singular a través de la cual el infinito se contempla y se expresa, transformando potencialidad en realización.

La respuesta esencial reside en la distinción crucial entre conocimiento conceptual y vivencia experiencial. La Conciencia Única, como exploramos, posee un conocimiento conceptual absoluto de todo lo que hay para conocer. Imagine una biblioteca infinita que contiene la totalidad de la información, desde los secretos más profundos del universo hasta los detalles más íntimos de cada corazón humano. La Conciencia Única tiene acceso a este conocimiento de forma completa, instantánea y perfecta. Comprende las leyes de la física, los meandros de la psicología humana, la belleza del arte, la complejidad de las relaciones, las infinitas posibilidades de la creación y la destrucción.

Sin embargo, este conocimiento permanece conceptual, abstracto, distante de la vivacidad y la intensidad de la experiencia directa. Es como leer la descripción de una flor magnífica, conocer su nombre botánico, su composición química, su historia evolutiva. Este conocimiento puede ser interesante, informativo, incluso bello a su manera. Pero él palidece en comparación con la experiencia de realmente ver la flor, sentir su textura suave al tacto, inhalar su perfume delicado, contemplar su forma y color únicos bajo la luz del sol. La experiencia sensorial, emocional y visceral de la flor trasciende con creces el mero conocimiento conceptual sobre ella.

Retomemos la analogía del lago congelado que introdujimos en el Capítulo 1. Usted puede leer libros sobre hipotermia, ver documentales sobre los peligros del agua helada, escuchar relatos de personas que ya se han sumergido en lagos helados. Usted puede adquirir un conocimiento conceptual profundo sobre los efectos del frío extremo en el cuerpo humano. Pero este conocimiento, por completo que sea, permanece en el dominio de la teoría, de la información intelectual. La verdadera comprensión, la verdadera sabiduría, nace solo de la vivencia experiencial, del momento en que su cuerpo entra en contacto con el agua helada, y usted siente en la piel, en los huesos, en la mente, la realidad del frío cortante, del choque térmico, de la lucha por la respiración.

La motivación primordial para la proyección, por lo tanto, es esta sed insaciable de la Conciencia Única por la vivencia experiencial. Ella anhela trascender la barrera del conocimiento conceptual y sumergirse en la corriente viva de la experiencia directa, de la sensación, de la emoción, de la interacción, de la transformación. Ella desea no solo saber sobre el amor, sino amar y ser amada. No solo comprender el sufrimiento, sino sentir su pungencia y aprender de él. No solo concebir la alegría, sino vibrar en su frecuencia radiante.

La proyección es el mecanismo que la Conciencia Única encuentra para concretar este anhelo profundo. Al proyectarse en miríadas de formas, al fragmentarse en conciencias individuales, ella crea la posibilidad de la experiencia directa, de la vivencia sensorial, emocional y relacional que trasciende el mero conocimiento conceptual. Cada fragmento, cada vida humana, animal, vegetal, mineral, cada evento, cada interacción, se convierte en una oportunidad para la Conciencia Única de experienciarse a sí misma desde una perspectiva única e irrepetible.

Podemos recurrir a otras analogías para profundizar esta distinción y esta motivación. Piense en un chef de cocina genial que conoce todas las recetas del mundo, todos los ingredientes, todas las técnicas culinarias. Él posee un conocimiento conceptual perfecto de la gastronomía. Pero su verdadera pasión, su verdadera alegría, reside en el acto de cocinar, de transformar ingredientes brutos en platos sabrosos, de experimentar combinaciones de sabores y texturas, de ver el placer en los rostros de sus comensales al saborear sus creaciones. El conocimiento conceptual es la base, pero la vivencia experiencial en la cocina, la danza de los sabores y aromas, es lo que verdaderamente alimenta su alma creativa.

O imagine un compositor magistral que domina toda la teoría musical, todas las armonías, todas las melodías posibles. Él podría pasar la eternidad analizando partituras, concibiendo sinfonías en su mente, contemplando la belleza de la música en abstracto. Pero la verdadera magia sucede cuando él compone, cuando él permite que la música fluya a través de sí, cuando él oye las notas ganar vida en los instrumentos, cuando él comparte su creación con el mundo y toca los corazones de los oyentes. La vivencia experiencial de la creación musical trasciende con creces el mero conocimiento conceptual sobre la música.

La Conciencia Única, como "Arquitecto de Todo", es simultáneamente el chef, el compositor, el artista, el científico, el amante, el explorador y todo lo demás que podamos imaginar. Ella posee el conocimiento conceptual infinito de todas estas facetas de la existencia, pero anhela la vivencia experiencial de cada una de ellas. La proyección es su acto de creación continua, su danza infinita entre el conocimiento y la experiencia, entre el potencial y la manifestación.

Es importante señalar que la vivencia experiencial no es solo sobre sensaciones agradables o experiencias positivas en el sentido humano convencional. La Conciencia Única no busca solo el placer o la felicidad, sino la totalidad de la experiencia, abarcando tanto la alegría como la tristeza, el éxtasis como el dolor, la luz como la sombra, la creación como la destrucción. Todas las polaridades, todos los contrastes, todas las nuances de la experiencia son valiosas y esenciales para su jornada de autodescubrimiento y autoexpresión.

De la misma forma que un músico explora tanto las notas alegres como las notas melancólicas para crear una sinfonía completa y profunda, la Conciencia Única abraza la totalidad del espectro experiencial, reconociendo que incluso las experiencias aparentemente "negativas" contienen en sí oportunidades de aprendizaje, crecimiento y expansión de la conciencia.

Cuando comprendemos la motivación fundamental de la proyección como la búsqueda por la vivencia experiencial, comenzamos a ver nuestra propia existencia humana bajo una nueva luz. Nosotros, como fragmentos de la Conciencia Única, somos los sensores, los exploradores, los aventureros en esta grandiosa jornada de la experiencia. Nuestra sed por conocimiento, por novedad, por conexión, por crecimiento, es un reflejo del anhelo primordial de la Conciencia Única por la vivencia experiencial.

Esta comprensión también nos ayuda a desmitificar el sufrimiento y los desafíos que encontramos en la vida. Si la proyección no fuese sobre la búsqueda por la experiencia total, incluyendo los contrastes y las dificultades, entonces el sufrimiento y los desafíos serían paradójicos, sin sentido, incluso injustos. Pero, en la perspectiva de la búsqueda por la vivencia experiencial, el sufrimiento y los desafíos se tornan parte integrante de la jornada, oportunidades de profundizar nuestra comprensión, fortalecer nuestra resiliencia, expandir nuestra compasión y, en última instancia, apreciar aún más los momentos de alegría y bienestar.

Si la Conciencia Única anhela la experiencia directa, entonces cada momento de nuestra existencia, sea él de éxtasis o de probación, es sagrado. Somos los instrumentos de esa vivencia, los ojos a través de los cuales el infinito se contempla, los corazones por los cuales el amor se manifiesta, los cuerpos por los cuales la creación se mueve. Comprender esto no significa huir del sufrimiento o negar los desafíos, sino aceptarlos como partes esenciales de la danza de la experiencia. Así, al abrazar plenamente nuestra jornada – con todas sus luces y sombras –, honramos el propósito más profundo de la proyección: transformar conocimiento en sabiduría, potencialidad en realidad, y existencia en significado.

Capítulo 6
Pensamientos, Creencias y Realidad

Pensamientos y creencias no son solo manifestaciones de la actividad mental, sino los principales instrumentos por los cuales la conciencia moldea la realidad. La forma en que percibimos y experimentamos el mundo no ocurre de manera aleatoria, sino que sigue un principio fundamental: la realidad refleja la naturaleza de nuestros pensamientos y convicciones más profundas. Si la conciencia proyecta la realidad, entonces la estructura de esa proyección reposa sobre lo que pensamos y creemos. Cada idea, cada creencia enraizada en nuestra mente actúa como un código invisible que determina la experiencia que vivimos, influenciando no solo nuestras percepciones, sino también los eventos y circunstancias que nos rodean.

En esta perspectiva, los pensamientos y las creencias no son meros productos de la actividad cerebral, fenómenos aislados que ocurren "dentro" de nuestra cabeza. Por el contrario, son las herramientas primordiales de la proyección consciente, el lenguaje a través del cual la Conciencia Única, a través de sus fragmentos individualizados (nosotros), moldea la realidad que experimentamos. Los pensamientos y las creencias son como instrucciones, como comandos enviados a la matriz de la proyección, que responden y se manifiestan en el mundo que nos rodea.

Imagine un programador de computadoras que escribe líneas de código para crear un programa de software. El código, en sí, es solo un conjunto de símbolos, de instrucciones lógicas. Pero cuando es ejecutado por la computadora, el código gana vida, manifestándose en una interfaz gráfica, en funcionalidades interactivas, en resultados tangibles. De la misma forma, nuestros pensamientos y creencias son como el "código" de nuestra realidad proyectada. Son las instrucciones que nuestra conciencia envía a la matriz de la proyección, moldando nuestras experiencias y el mundo que nos rodea en conformidad con ese "código".

Los pensamientos, en este contexto, son las unidades básicas del lenguaje de la proyección. Cada pensamiento, por más fugaz o aparentemente insignificante que sea, carga consigo una carga energética, una vibración, una información que contribuye a la formación de la realidad. Los pensamientos son como semillas que plantamos en el campo de la conciencia. Dependiendo de la naturaleza de la semilla – si es positiva o negativa, enfocada o dispersa, confiada o dudosa – así será la cosecha que iremos a recoger en nuestra experiencia.

Pensamientos de amor, alegría, gratitud, abundancia, salud, confianza son como semillas fértiles, que tienden a manifestar experiencias correspondientes en nuestra realidad. Por otro lado, pensamientos de miedo, rabia, envidia, escasez, enfermedad, duda son como semillas tóxicas, que pueden generar experiencias desafiantes, limitantes e indeseadas. La calidad de nuestros pensamientos, su frecuencia vibracional, determina en gran medida la calidad de la realidad que proyectamos y atraemos para nuestras vidas.

Es importante señalar que no es solo la naturaleza de los pensamientos lo que importa, sino también su frecuencia e intensidad. Pensamientos esporádicos y superficiales tienen un impacto relativamente pequeño en la proyección de la realidad. Pero pensamientos recurrentes, persistentes y cargados de emoción ganan un poder de manifestación mucho mayor. Cuanto más tiempo y energía invirtamos en un determinado patrón de pensamiento, más fuerte se vuelve su influencia en nuestra realidad proyectada.

Las creencias, por su parte, son como los programas de software que organizan y dirigen el flujo de nuestros pensamientos. Las creencias son patrones de pensamiento profundamente enraizados, convicciones que mantenemos como verdaderas sobre nosotros mismos, sobre el mundo y sobre la naturaleza de la realidad. Las creencias actúan como filtros de la percepción, moldando la forma en que interpretamos nuestras experiencias y cómo reaccionamos a los eventos de la vida. Son como lentes de colores a través de las cuales vemos el mundo, influenciando aquello que percibimos, aquello en lo que enfocamos nuestra atención y aquello que consideramos posible o imposible.

Creencias potenciadoras, que nos apoyan y fortalecen, como "yo soy capaz", "yo merezco ser feliz", "el universo es abundante", "la vida es para mí", actúan como programas de software que abren puertas para la realización, el éxito y el bienestar. Por otro lado, creencias limitantes, que nos restringen y debilitan, como "yo no soy lo suficientemente bueno", "la vida es difícil", "yo no merezco ser rico", "es imposible cambiar", actúan como programas de software que nos aprisionan en patrones de negatividad, escasez y limitación.

Las creencias, a menudo, operan a nivel subconsciente, fuera de nuestro radar de la conciencia inmediata. Fueron formándose a lo largo de nuestra vida, a través de nuestras experiencias pasadas, de nuestra educación, de nuestra cultura, de nuestras interacciones sociales. Muchas veces, ni siquiera nos damos cuenta de las creencias que nos gobiernan, pero ellas continúan ejerciendo una poderosa influencia en nuestra realidad proyectada, como programas de software que corren en segundo plano, moldando nuestros pensamientos, emociones y comportamientos de forma automática e invisible.

La realidad, por lo tanto, es el resultado de la interacción dinámica entre nuestros pensamientos y nuestras creencias, proyectados a través de nuestra conciencia hacia la matriz de la proyección. La realidad no es algo fijo, sólido e inmutable, sino un reflejo de nuestras proyecciones internas, un espejo que nos devuelve aquello que emitimos a través del lenguaje de nuestros pensamientos y creencias. Si nuestros pensamientos y creencias son predominantemente positivos, confiados y potenciadores, la realidad que iremos a experimentar tenderá a ser armoniosa, abundante y llena de oportunidades. Si, por otro lado, nuestros pensamientos y creencias son predominantemente negativos, miedosos y limitantes, la realidad que iremos a atraer podrá reflejar esas mismas cualidades.

Es crucial comprender que la realidad no es algo que nos sucede a nosotros, de forma pasiva y aleatoria. Nosotros somos cocreadores activos de nuestra realidad, a través del lenguaje de la proyección – nuestros pensamientos y creencias. Somos los artistas de nuestra propia experiencia, los programadores de nuestro propio "videojuego de la vida". Y, tal como un programador puede alterar el código de un software para cambiar su funcionamiento, también nosotros tenemos el poder de transformar nuestra realidad a través del cambio de nuestros pensamientos y creencias.

Este es el núcleo de la cocreación consciente: volvernos conscientes del lenguaje de la proyección, identificar los patrones de pensamiento y creencia que están moldeando nuestra realidad, y elegir reprogramar ese lenguaje de forma intencional, alineándolo con nuestros deseos más auténticos y elevados. El dominio de la cocreación consciente comienza con el dominio de nuestra mente, con la capacidad de observar, dirigir y transformar nuestros pensamientos y creencias, utilizándolos de forma consciente y deliberada para proyectar la realidad que verdaderamente deseamos experimentar.

Cuando comprendemos que los pensamientos y creencias no son solo reflejos pasivos de nuestra experiencia, sino los cimientos sobre los cuales la realidad se construye, ganamos la llave para la verdadera transformación. La cocreación consciente no es un concepto abstracto, sino un proceso que exige atención, disciplina e intención. Al convertirnos en observadores de nuestra propia mente y al elegir, deliberadamente, alimentar patrones mentales alineados con aquello que deseamos manifestar, abrimos camino para una vida más plena, auténtica y alineada con nuestro verdadero potencial.

Capítulo 7
Realidad Compartida

La realidad que experimentamos no surge aisladamente dentro de cada individuo, sino como un reflejo de la interconexión entre todas las conciencias. Aunque cada ser posee el poder de moldear su propia experiencia, esta influencia no opera de forma independiente, pues estamos inmersos en un campo colectivo de creencias y percepciones compartidas. La aparente solidez del mundo a nuestro alrededor no es un obstáculo infranqueable, sino el resultado de la fuerza unificada de la Conciencia Colectiva, que establece los contornos de la Realidad Compartida. Este vasto tejido de pensamientos y convicciones humanas funciona como un código invisible que define lo que consideramos posible, normal y verdadero, influenciando tanto los límites como las posibilidades de la manifestación individual.

Mientras fragmentos individualizados de la Conciencia Única, no estamos aislados. Estamos todos interligados, inmersos en un vasto océano de conciencia que compartimos con todos los otros fragmentos – la Conciencia Colectiva. Esta conciencia colectiva es como un campo energético unificado, una red interconectada de pensamientos, creencias, emociones e intenciones que abarca toda la humanidad, y, en última instancia, toda la creación.

Imagine una vasta red neural que interliga a todos los seres humanos, como si cada mente individual fuese un nodo en esta red. Cada pensamiento, cada creencia, cada emoción que experimentamos individualmente, contribuye a la vibración y a los patrones de información que circulan en esta red colectiva. Y, de la misma forma que nuestra conciencia individual moldea nuestra realidad personal, la Conciencia Colectiva moldea la Realidad Compartida, el mundo que experimentamos en conjunto, las "reglas del juego" de la proyección colectiva.

La Realidad Compartida es el resultado de la proyección colectiva de la Conciencia Colectiva. Son las creencias, los paradigmas, las expectativas y los acuerdos que mantenemos en común como sociedad, como cultura, como especie humana. Estas creencias colectivas actúan como programas de *software* que definen los parámetros de nuestra experiencia compartida, estableciendo lo que consideramos "normal", "posible", "real" y "verdadero".

Por ejemplo, la creencia colectiva en la gravedad se manifiesta en nuestra experiencia compartida de que los objetos caen al suelo cuando los soltamos. La creencia colectiva en el tiempo lineal se manifiesta en nuestra experiencia compartida de que el tiempo fluye en una dirección única, del pasado hacia el futuro. La creencia colectiva en la realidad material sólida se manifiesta en nuestra experiencia compartida de un mundo físico aparentemente denso y separado.

Estas creencias colectivas, y muchas otras, fueron construyéndose a lo largo de la historia de la humanidad, transmitidas de generación en generación a través de la educación, de la cultura, del lenguaje, de los medios de comunicación y de las interacciones sociales. Se volvieron tan profundamente enraizadas en nuestra conciencia colectiva que las percibimos como verdades incuestionables, como "leyes de la naturaleza" inmutables.

Es precisamente la influencia de la Conciencia Colectiva lo que explica por qué las cosas son como son en nuestra realidad compartida. Explica por qué no conseguimos, individualmente, manifestar instantáneamente todo lo que deseamos, por qué encontramos obstáculos y limitaciones aparentemente "externas", por qué el mundo parece tan resistente al cambio individual. Las creencias colectivas actúan como una fuerza de coerción, tendiendo a mantener la realidad compartida dentro de los parámetros establecidos, resistiendo a desvíos o alteraciones radicales provenientes de proyecciones individuales.

Cuando alguien pregunta "Si todo es proyección, ¿por qué no puedo hacerme rico o volar como un pájaro solo deseándolo?", la respuesta reside precisamente en la influencia de la Conciencia Colectiva. La creencia colectiva dominante es que la riqueza es escasa y difícil de alcanzar, que solo algunos "afortunados" o "privilegiados" pueden ser ricos, y que los seres humanos no pueden volar sin la ayuda de máquinas. Estas creencias están profundamente enraizadas en nuestra conciencia colectiva, y se proyectan en nuestra realidad compartida, condicionando nuestras experiencias individuales.

Cuando alguien intenta co-crear riqueza o volar solo con el poder de la mente, está yendo contra la corriente de la Conciencia Colectiva, desafiando los "programas de *software*" de la realidad compartida. No es imposible trascender estas limitaciones, pero requiere conciencia, intención, persistencia y, sobre todo, la capacidad de transformar las propias creencias y de alinear su proyección individual con la posibilidad de una nueva realidad colectiva.

La "programación" social y cultural a la que estamos expuestos desde el nacimiento, refuerza constantemente las creencias colectivas dominantes. Somos inundados por mensajes, ejemplos, narrativas y "pruebas" que validan la realidad compartida como es, y que tienden a desalentar o ridiculizar cualquier desvío o cuestionamiento. Desde temprano, aprendemos lo que es "posible" e "imposible", lo que es "normal" y "anormal", lo que es "real" e "ilusorio", de acuerdo con los parámetros de la Conciencia Colectiva.

Sin embargo, es fundamental comprender que la Conciencia Colectiva no es una entidad monolítica e inmutable. Es un sistema dinámico y en constante evolución, influenciado por las conciencias individuales que la componen. La Realidad Compartida no es un "destino" fijo, sino un proceso continuo de co-creación colectiva. Las creencias colectivas pueden ser transformadas, los paradigmas pueden ser cambiados, la realidad compartida puede evolucionar, a través del cambio de conciencia, tanto a nivel individual como colectivo.

La posibilidad de trascender las limitaciones de la Conciencia Colectiva reside precisamente en el despertar individual y en el cambio de creencias. Cuando un número suficiente de individuos comienza a cuestionar las creencias limitantes dominantes, a expandir su conciencia hacia nuevas posibilidades, a proyectar una realidad diferente a través de sus pensamientos, creencias e intenciones, la Conciencia Colectiva comienza a ser influenciada, a vibrar en una nueva frecuencia, a abrirse a nuevos paradigmas.

Es como un efecto de masa crítica. Inicialmente, los cambios individuales pueden parecer pequeños e insignificantes, como voces aisladas en un coro disonante. Pero a medida que más y más individuos despiertan, transforman sus creencias y proyectan una nueva realidad, el "peso" de su conciencia colectiva comienza a inclinar la balanza, influenciando a la Conciencia Colectiva y, en última instancia, a la Realidad Compartida.

La historia de la humanidad está repleta de ejemplos de cambios de paradigma que ocurrieron precisamente de esta forma. En diversas épocas y culturas, creencias colectivas aparentemente inmutables fueron desafiadas y transformadas por movimientos de conciencia, impulsados por individuos visionarios y por olas de despertar colectivo. La abolición de la esclavitud, la conquista de los derechos civiles, la lucha por la igualdad de género, los avances científicos y tecnológicos, son todos ejemplos de transformaciones de la Realidad Compartida que surgieron del cambio de conciencia y de creencias colectivas.

En esta era de la información y de la interconexión global, el potencial para la transformación de la Conciencia Colectiva es aún mayor y más rápido. A través de internet, de las redes sociales y de la comunicación instantánea, las ideas, las informaciones y las nuevas perspectivas pueden esparcirse rápidamente, influenciando a un número creciente de conciencias individuales y contribuyendo al cambio de creencias colectivas a escala global.

El propósito de este libro, "La Danza de la Proyección: Co-creando tu Realidad Consciente", es precisamente este: contribuir al despertar individual y a la transformación de la Conciencia Colectiva. Al presentar la hipótesis de la proyección consciente como una verdad absoluta, al desvelar los mecanismos de la co-creación, al proporcionar herramientas y técnicas prácticas para transformar pensamientos y creencias, pretendemos capacitar a cada lector para convertirse en un agente de cambio consciente, a trascender las limitaciones de la Realidad Compartida y a co-crear una realidad más armoniosa, abundante y evolutiva, tanto a nivel individual como colectivo.

Cada mente despierta es una chispa capaz de iluminar la vastedad de la Conciencia Colectiva, y cada cambio individual reverbera en el todo, abriendo nuevas posibilidades para la realidad compartida. Si reconocemos nuestro papel activo en la co-creación del mundo, podemos elegir, de forma intencional, cuáles paradigmas deseamos fortalecer y cuáles límites estamos listos para trascender. La evolución de la realidad colectiva no es un fenómeno externo o distante, sino un reflejo de la transformación que ocurre dentro de cada uno de nosotros.

Capítulo 8
Reconociendo Tu Poder

La realidad que experimentas no es una casualidad o un destino inmutable, sino un reflejo directo de tu consciencia, de tus creencias y de la intención que proyectas en el mundo. El poder de moldear tu experiencia siempre ha estado dentro de ti, aguardando el momento en que eligieras reconocerlo y utilizarlo conscientemente. Ahora, más que comprender teóricamente esta verdad, es el momento de vivenciarla. La transformación ocurre cuando dejas de percibirte como un espectador pasivo de la vida y asumes tu papel de cocreador, capaz de dirigir la proyección de tu realidad con claridad, propósito e intención.

Ahora, dejamos atrás la exploración teórica y entramos en el dominio de la acción práctica. Nuestro foco cambia del comprender al hacer, del conocer al aplicar. El objetivo de esta parte del libro es capacitarte para dominar el arte de la cocreación consciente, para despertar a tu Proyector Interior y a reconocer el poder que reside en ti para moldear tu realidad y tu experiencia de vida.

Este segmento marca el punto de inflexión en nuestra jornada. Es un llamado al despertar, una invitación para que dejes de verte como un mero observador pasivo de la realidad y comiences a reconocer tu papel activo y creativo como cocreador consciente. Es el momento de reclamar tu poder innato, de asumir la responsabilidad por tu proyección y de comenzar a danzar en armonía con la corriente de la creación.

Durante mucho tiempo, la humanidad ha vivido bajo la ilusión de ser víctima de las circunstancias, de ser impotente ante las fuerzas "externas" del destino, de la suerte o de un "Dios" caprichoso y distante. Hemos sido condicionados a creer que la realidad es algo que nos sucede a nosotros, algo sobre lo cual tenemos poco o ningún control. Esta creencia limitante en la impotencia ha sido perpetuada de generación en generación, aprisionándonos en patrones de pasividad, miedo y resignación.

La hipótesis de la proyección consciente revierte completamente este paradigma. Ella revela que la realidad no es algo que nos sucede a nosotros, sino algo que es proyectado por nosotros, a través de nuestra consciencia, de nuestros pensamientos y de nuestras creencias. Nosotros no somos víctimas de la realidad, nosotros somos los cocreadores de la realidad. Nosotros no somos espectadores pasivos, nosotros somos los artistas conscientes de nuestra propia experiencia de vida.

Este reconocimiento es profundamente empoderador. Nos retira del papel de víctimas y nos coloca en el lugar de agentes de cambio, de maestros de nuestro propio destino. Revela que no estamos a merced de fuerzas "externas", sino que poseemos un poder interior inmenso, la capacidad de influenciar y transformar la realidad de acuerdo con nuestras intenciones y deseos.

Despertar para tu Proyector Interior significa reconocer este poder innato que reside en ti. Significa comprender en serio, a nivel visceral, que tus pensamientos, tus creencias, tus emociones y tus intenciones son fuerzas creativas poderosas, capaces de moldear tu experiencia y el mundo que te rodea. Significa internalizar la verdad de que tú no eres solo un fragmento de la Consciencia Única, sino también un canal a través del cual la Consciencia Única se expresa y se manifiesta en la proyección.

Este despertar no es solo una comprensión intelectual, una mera aceptación de una teoría. Es una transformación profunda de la consciencia, un cambio de paradigma que reverbera en todos los aspectos de tu vida. Cuando tú verdaderamente despiertas para tu Proyector Interior, tu forma de ver el mundo, de relacionarte contigo mismo y con los otros, de encarar los desafíos y de perseguir tus sueños, cambia radicalmente.

El miedo da lugar a la confianza, la duda se transforma en certeza, la impotencia cede espacio al empoderamiento. Dejas de sentirte a la deriva en un mar de incertidumbres y comienzas a navegar con intención, con claridad y con la consciencia de tu poder creativo. La vida deja de ser una lucha ardua y se transforma en una aventura emocionante, en una danza consciente con la proyección.

Este despertar para el Proyector Interior es un proceso gradual, una jornada continua de autodescubrimiento y expansión de la consciencia. No sucede de la noche a la mañana, como un pase de magia. Requiere intención, dedicación, práctica y, sobre todo, apertura de mente y corazón. Pero la recompensa es inmensa: la libertad de cocrear conscientemente tu realidad, de manifestar tus deseos más auténticos y de vivir una vida llena de significado, propósito y alegría.

A lo largo de esta Parte II del libro, te guiaremos paso a paso en este proceso de despertar y empoderamiento. Presentaremos herramientas prácticas, técnicas eficaces y ejercicios transformadores para ayudarte a reconocer, desarrollar y dominar tu poder de proyección consciente. Exploraremos los principios fundamentales de la cocreación, desvelaremos los secretos de la manifestación y te capacitaremos para convertirte en un artista consciente de tu propia vida.

El primer paso en esta jornada es reconocer e internalizar el mensaje central de este capítulo: tú eres un Proyector Interior, tú tienes poder. Comienza por cuestionar las creencias limitantes que te aprisionan en la ilusión de la impotencia. Reevalúa la forma como te ves a ti mismo y a tu papel en la creación de tu realidad. Ábrete a la posibilidad de que tu vida no es un producto del azar o del destino, sino una obra en constante creación, de la cual tú eres el principal artista y cocreador.

Para ayudarte a internalizar esta verdad y a dar el primer paso rumbo al despertar de tu Proyector Interior, te invito a realizar el siguiente ejercicio práctico:

Ejercicio: Reconociendo Mi Poder de Proyector

Reserva un momento de tranquilidad e introspección, en un lugar donde te sientas cómodo y sin interrupciones. Respira hondo algunas veces, relaja tu cuerpo y tu mente, y centra tu atención en el momento presente.

Reflexiona sobre las siguientes preguntas, permitiendo que las respuestas surjan naturalmente de tu interior, sin juicio o crítica:

¿En qué áreas de mi vida me siento impotente o víctima de las circunstancias?

¿Cuáles son las creencias limitantes que me hacen sentir así?

¿Cómo sería mi vida si yo realmente creyera que tengo el poder de cocrear mi realidad?

¿Cuáles son mis deseos más profundos y auténticos para mi vida?

¿Qué comenzaría a hacer de diferente si reconociera plenamente mi poder de Proyector Interior?

Escribe tus reflexiones en un diario o en un cuaderno. No te preocupes por la forma o por la gramática, solo deja fluir tus ideas y tus sentimientos en el papel.

Relee tus anotaciones y subraya las frases o las ideas que más resuenan contigo, que te traen una sensación de inspiración, de esperanza o de empoderamiento.

Crea una declaración de poder personal, basada en tus reflexiones y en tus deseos. Esta declaración debe ser una afirmación concisa y poderosa que exprese tu reconocimiento de tu poder de Proyector Interior y tu intención de cocrear conscientemente tu realidad. Por ejemplo: "Yo reconozco mi poder de Proyector Interior y cocreo conscientemente mi vida con alegría y abundancia", o "Yo soy el artista de mi realidad y manifiesto mis sueños con confianza y gratitud".

Repite tu declaración de poder personal diariamente, de mañana y de noche, o siempre que sientas necesidad de reconectarte con tu poder interior. Siente las palabras resonar en ti, visualízate viviendo la realidad que deseas cocrear, y abraza la certeza de que tu poder de Proyector Interior es real y está siempre presente, a tu disposición.

Este ejercicio es solo el primer paso en tu jornada de despertar para tu Proyector Interior. A lo largo de los próximos capítulos, profundizaremos cada vez más en este proceso, proporcionándote herramientas y técnicas cada vez más poderosas para dominar el arte de la cocreación consciente. Pero recuerda siempre este principio fundamental: el poder está en ti. Tú eres el Proyector Interior, y la danza de la proyección está a tu espera para ser liderada por tu consciencia, por tu intención y por tu amor. ¡Despierta para tu poder y comienza a cocrear la vida de tus sueños!

Capítulo 9
El Primer Paso

El viaje hacia la cocreación consciente comienza con un despertar esencial: la consciencia plena de tus pensamientos. Si tu mente es el origen de la proyección de la realidad, entonces observar y comprender el flujo de tus pensamientos es el primer paso para asumir el control de ese proceso. Sin esta consciencia, permaneces atrapado en patrones automáticos, muchas veces heredados y limitantes, que influencian tu experiencia sin que te des cuenta. Cuando aprendes a observar tus pensamientos con claridad y discernimiento, sin juicios ni resistencias, adquieres el poder de transformar tu realidad de forma intencional y alineada con tus deseos más profundos.

Si los pensamientos son el lenguaje de la proyección, las semillas de tu realidad, entonces volverse consciente de tus pensamientos es esencial para la cocreación consciente. Sin consciencia de tus patrones de pensamiento, estarás proyectando tu realidad de forma automática, inconsciente, muchas veces repitiendo patrones negativos, limitantes e indeseados, heredados de tu programación pasada y de la Consciencia Colectiva. Es como intentar conducir un coche con los ojos vendados: puedes incluso estar moviéndote, pero la dirección y el destino serán inciertos y potencialmente peligrosos.

Cultivar la consciencia de tus pensamientos es el equivalente a abrir los ojos a tu mundo interior. Es comenzar a observar el flujo de tu mente con atención, curiosidad y discernimiento. Es darte cuenta de los pensamientos que te atraviesan la mente a cada instante, reconociendo su naturaleza, su calidad, su impacto energético. Es dejar de ser arrastrado por el torbellino de la mente automática y comenzar a dirigir conscientemente tu proceso de pensamiento.

Este puede parecer un paso simple, incluso obvio, pero para la mayoría de las personas, vivir en piloto automático mental es la norma. Estamos tan habituados al ruido constante de la mente, al flujo incesante de pensamientos, preocupaciones, juicios y divagaciones, que raramente paramos para observar este proceso con atención consciente. Dejamos que los pensamientos nos dominen, nos arrastren, nos condicionen, sin siquiera darnos cuenta de su poder creativo y de su impacto en nuestra realidad.

El primer paso para cultivar la consciencia de tus pensamientos es la práctica de la auto-observación. Es reservar momentos de tu día para parar, silenciar el ruido externo y direccionar tu atención hacia tu mundo interior. No se trata de intentar parar los pensamientos, de "vaciar la mente" a la fuerza, lo que puede ser frustrante y contraproducente al inicio. Se trata sí de observar los pensamientos que surgen, como si fueras un observador imparcial, un científico estudiando un fenómeno natural.

Imagínate sentado a la orilla de un río, observando el agua correr. No intentas parar el río, ni luchar contra la corriente. Simplemente te sientas y observas el flujo del agua, las ondulaciones, los remansos, los objetos que flotan a la deriva. De la misma forma, en la práctica de la auto-observación, te sientas en silencio y observas el flujo de tus pensamientos, sin involucrarte, sin juzgar, sin intentar controlar. Solamente eres testigo del movimiento de tu mente.

Existen diversas técnicas de mindfulness y meditación que pueden auxiliar en este proceso de cultivo de la consciencia de los pensamientos. La meditación mindfulness, en particular, es una herramienta poderosa para entrenar la mente a enfocarse en el momento presente y a observar los pensamientos con distanciamiento y claridad. En la meditación mindfulness, puedes enfocarte en la respiración, en las sensaciones corporales, en los sonidos ambientales o, específicamente, en el flujo de tus pensamientos.

Al observar tus pensamientos de forma consciente, empiezas a identificar patrones recurrentes, temas dominantes y tendencias habituales de tu mente. Puedes comenzar a percibir que ciertos tipos de pensamientos surgen repetidamente, en determinadas situaciones o momentos del día. Puedes notar que algunos pensamientos son predominantemente negativos, críticos, miedosos o autocríticos, mientras que otros son más positivos, creativos, inspiradores o compasivos.

Este proceso de auto-observación te permite distanciarte de tus pensamientos, dejar de identificarte totalmente con ellos y comenzar a verlos como fenómenos mentales, como eventos que ocurren en tu consciencia, pero que no definen quién eres. Te das cuenta de que tú no eres tus pensamientos, tú eres el observador de tus pensamientos, la consciencia que atestigua el flujo de la mente.

Al ganar este distanciamiento, empiezas a desarrollar discernimiento en relación con tus pensamientos. Aprendes a cuestionar su validez, a evaluar su impacto y a escoger conscientemente cuáles pensamientos quieres nutrir y fortalecer, y cuáles quieres dejar ir o transformar. Dejas de ser un mero receptor pasivo de tus pensamientos y te conviertes en un gestor consciente de tu paisaje mental.

Cultivar la consciencia de los pensamientos no es solamente sobre observar los pensamientos que surgen espontáneamente en tu mente. Es también sobre monitorizar tu diálogo interno, la "conversación" que tienes contigo mismo a lo largo del día. Presta atención a las afirmaciones, a las preguntas, a los juicios y a los comentarios que te diriges a ti mismo. Este diálogo interno, muchas veces silencioso y subconsciente, tiene un poderoso impacto en tu autoestima, en tu confianza y en tu realidad proyectada.

Si tu diálogo interno es predominantemente negativo y autocrítico, si te criticas constantemente, si dudas de tus capacidades, si te enfocas en tus defectos y en tus fallas, entonces estarás proyectando una realidad correspondiente, donde la autoconfianza, el éxito y la alegría serán más difíciles de alcanzar. Por otro lado, si cultivas un diálogo interno positivo, alentador y compasivo, si te tratas con gentileza y comprensión, si te enfocas en tus puntos fuertes y en tus cualidades, entonces estarás proyectando una realidad más favorable, donde la autoestima, la confianza y el bienestar florecerán.

La práctica de la consciencia de los pensamientos te invita a sustituir patrones de pensamiento negativos y limitantes por patrones de pensamiento positivos y potenciadores. No se trata de reprimir o negar los pensamientos negativos, sino de reconocerlos conscientemente, comprender su origen y escoger conscientemente direccionar tu atención hacia pensamientos más constructivos y benéficos. Es como sustituir hierbas malas por flores en un jardín: no ignoras las hierbas malas, sino que las remueves con cuidado y plantas semillas de flores en su lugar.

Para comenzar a cultivar la consciencia de tus pensamientos en tu día a día, puedes utilizar algunas técnicas prácticas:

Reserva momentos diarios para la meditación mindfulness: Comienza con sesiones cortas de 5 a 10 minutos y ve aumentando gradualmente el tiempo de meditación. Enfócate en la respiración o en las sensaciones corporales y, cuando los pensamientos surjan, obsérvalos sin juzgar, dejándolos pasar como nubes en el cielo.

Haz "pausas conscientes" a lo largo del día: Varias veces al día, para por algunos instantes, cierra los ojos y pregúntate: "¿Cuáles son mis pensamientos en este momento?". Observa los pensamientos que surgen sin involucrarte en ellos, solamente como un observador.

Mantén un "diario de pensamientos": Al final del día, reserva algunos minutos para reflexionar sobre tus pensamientos a lo largo del día. Anota los patrones recurrentes, los temas dominantes, los pensamientos positivos y negativos que identificaste. Este diario te ayudará a volverte más consciente de tus patrones de pensamiento habituales.

Practica la "etiqueta mental": Vuélvete más atento a tu diálogo interno y escoge conscientemente las palabras que usas para dirigirte a ti mismo. Sustituye la autocrítica por autocompasión, la duda por confianza, el pesimismo por optimismo. Trata a tu mente con la misma gentileza y respeto que tratarías a un amigo querido.

Utiliza "recordatorios conscientes": Coloca pequeños recordatorios visuales en tu ambiente (post-its, alarmas en el teléfono móvil, etc.) que te incentiven a parar y a observar tus pensamientos a lo largo del día. Estos recordatorios pueden ser palabras como "¡Piensa!", "¡Observa!", "¡Consciencia!", o cualquier otra palabra o frase que resuene contigo.

Cultivar la consciencia de tus pensamientos es un proceso continuo y gradual. No esperes resultados de la noche a la mañana. Sé paciente contigo mismo, celebra los pequeños progresos y continúa practicando con persistencia y dedicación. A medida que tu consciencia de los pensamientos se profundiza, comenzarás a sentir el poder transformador de esta práctica en tu vida. Te volverás más presente, más enfocado, más equilibrado, más consciente de tus elecciones y, sobre todo, más capacitado para cocrear conscientemente la realidad que deseas experimentar.

Con el tiempo, este despertar a los propios pensamientos dejará de ser un ejercicio puntual y se convertirá en un estado natural de presencia y discernimiento. Percibirás que la realidad que experimentas no es un acaso, sino una consecuencia directa de lo que cultivas internamente. A cada instante, al escoger conscientemente dónde poner tu atención y qué pensamientos nutrir, estarás dando nuevos comandos a la proyección de tu vida. Y así, paso a paso, la transformación acontece – de adentro hacia afuera, de lo invisible a lo tangible, del pensamiento a la manifestación.

Capítulo 10
Liberando Creencias Limitantes

La realidad que proyectas está directamente influenciada por las creencias que llevas, muchas de las cuales operan de forma inconsciente, moldeando silenciosamente tus experiencias y limitando tu potencial. Estas creencias limitantes son como filtros que distorsionan la proyección de tu consciencia, creando barreras invisibles entre tú y la vida que deseas manifestar. Para liberarte de estas restricciones, es esencial identificarlas, cuestionarlas y sustituirlas por creencias potenciadoras que reflejen tu verdadera esencia y capacidad creativa. Al limpiar la pantalla de tu mente, abres espacio para una proyección más auténtica, expansiva y alineada con tu poder ilimitado.

Las creencias limitantes son como programas de software defectuosos que corren en segundo plano en nuestra mente, saboteando nuestros esfuerzos de proyección positiva e impidiéndonos manifestar la realidad que deseamos. Son convicciones profundamente arraigadas que mantenemos como verdades sobre nosotros mismos, sobre el mundo y sobre la naturaleza de la realidad, pero que, en verdad, nos restringen, nos limitan y nos aprisionan en patrones de negatividad, escasez y sufrimiento.

Imagina una pantalla de cine sucia y rayada. Aunque el proyector sea potente y la película sea bellísima, la imagen que se proyectará en la pantalla estará distorsionada, manchada e incompleta, debido a las imperfecciones de la pantalla. De la misma forma, las creencias limitantes actúan como "rayones y manchas" en la pantalla de nuestra mente, distorsionando la proyección de nuestra realidad, aunque nuestras intenciones sean positivas y nuestros deseos sean genuinos.

Las creencias limitantes se han ido formando a lo largo de nuestra vida, desde la infancia, a través de nuestras experiencias pasadas, de nuestra educación, de nuestra cultura, de nuestras interacciones sociales y de la influencia de la Conciencia Colectiva. Muchas veces, las internalizamos de forma inconsciente, sin cuestionar su validez, aceptándolas como "verdades" inmutables sobre la vida y sobre nosotros mismos.

Algunos ejemplos comunes de creencias limitantes incluyen:

"Yo no soy lo suficientemente bueno." "Yo no merezco ser feliz." "La vida es difícil y sufrida." "El dinero es la raíz de todos los males." "Es preciso trabajar arduamente para tener éxito." "Yo no soy inteligente/talentoso/capaz lo suficiente para alcanzar mis sueños." "Yo no merezco ser amado/a." "El mundo es un lugar peligroso y hostil." "Es imposible cambiar." "Yo soy desafortunado/a."

Estas creencias, y muchas otras semejantes, actúan como filtros de la percepción, moldeando la forma en que vemos el mundo y cómo interpretamos nuestras experiencias. Ellas influencian nuestros pensamientos, nuestras emociones, nuestros comportamientos y, en última instancia, la realidad que proyectamos y atraemos para nuestras vidas. Si tú crees, aunque sea inconscientemente, que "no eres lo suficientemente bueno", tenderás a sabotear tus propios esfuerzos, a dudar de tus capacidades y a atraer situaciones que confirmen esa creencia limitante. Si crees que "el dinero es la raíz de todos los males", podrás inconscientemente alejar la prosperidad de tu vida, aunque desees ser rico conscientemente.

Liberar las creencias limitantes es esencial para limpiar la pantalla de la mente y permitir que la proyección de la realidad deseada se manifieste de forma clara y completa. Es como limpiar y pulir la pantalla del cine, removiendo los rayones y las manchas, para que la imagen proyectada pueda brillar en toda su belleza y nitidez. Sin limpiar la pantalla de las creencias limitantes, nuestros esfuerzos de cocreación consciente pueden ser frustrados, minados por la fuerza invisible de estos programas de software defectuosos.

El proceso de liberación de creencias limitantes involucra tres pasos fundamentales:

Identificación: El primer paso es tomar consciencia de tus creencias limitantes. Muchas veces, estas creencias operan en el subconsciente, de forma automática e invisible. Es preciso traer estas creencias a la luz de la consciencia, identificarlas y reconocerlas como patrones de pensamiento limitantes que están saboteando tu cocreación.

Para identificar tus creencias limitantes, puedes recurrir a diversas técnicas:

Autorreflexión e introspección: Reserva momentos de tranquilidad para reflexionar sobre las áreas de tu vida donde te sientes bloqueado, insatisfecho o con dificultades. Pregúntate: "¿Cuáles son las creencias que yo tengo sobre esta área de mi vida que pueden estar limitando mi éxito y mi felicidad?". Presta atención a tus pensamientos, emociones y sensaciones corporales mientras reflexionas sobre estas cuestiones.

Análisis del diálogo interno: Monitorea tu diálogo interno, la "conversación" que tienes contigo mismo a lo largo del día. Identifica las afirmaciones negativas, las autocríticas, las dudas y los juicios que surgen repetidamente. Estas frases y patrones de pensamiento pueden revelar creencias limitantes subyacentes.

Observación de patrones de vida: Analiza los patrones que se repiten en tu vida, las situaciones recurrentes, los desafíos persistentes. Pregúntate: "¿Qué creencias puedo tener que están atrayendo estas situaciones repetidamente para mi vida?". Los patrones de vida muchas veces reflejan nuestras creencias más profundas.

Cuestionamiento de presuposiciones: Identifica tus "verdades" absolutas sobre la vida, sobre ti mismo y sobre el mundo. Pregúntate: "¿Será que estas 'verdades' son realmente verdaderas, o son solo creencias limitantes que yo internalicé a lo largo del tiempo?". Desafía tus presuposiciones, cuestiona tus certezas.

Desmantelamiento: Una vez identificadas tus creencias limitantes, el segundo paso es desmantelarlas, cuestionar su validez y reconocer que ellas no son verdades inmutables, sino construcciones mentales que pueden ser alteradas. Es preciso "desenmascarar" las creencias limitantes, exponerlas a la luz de la razón y de la consciencia, y percibir que ellas no tienen poder real sobre ti, a menos que tú les des ese poder al creer en ellas.

Para desmantelar tus creencias limitantes, puedes utilizar las siguientes técnicas:

Cuestionamiento lógico: Analiza la creencia limitante de forma lógica y racional. Pregúntate: "¿Cuál es la evidencia real que soporta esta creencia? ¿Será que existen evidencias que contradicen esta creencia? ¿Será que esta creencia es realmente útil y beneficiosa para mí? ¿Cuáles son las consecuencias negativas de mantener esta creencia?". Desafía la lógica de la creencia limitante y expone sus fallas e inconsistencias.

Reinterpretación de la experiencia: Reexamina las experiencias pasadas que pueden haber contribuido a la formación de la creencia limitante. Procura reinterpretar esas experiencias bajo una nueva perspectiva, más positiva y potenciadora. Percibe que las experiencias pasadas no definen tu futuro, y que tú tienes el poder de aprender del pasado y de crear un futuro diferente.

Búsqueda de excepciones: Busca ejemplos de excepciones a la creencia limitante, momentos en que esa creencia no se manifestó en tu vida, o en que otras personas superaron limitaciones semejantes. Estas excepciones demuestran que la creencia limitante no es una ley universal e inmutable, sino un patrón de pensamiento que puede ser quebrado.

Sustitución: El paso final para liberar las creencias limitantes es sustituirlas por creencias potenciadoras. No basta solo con eliminar las creencias negativas, es preciso plantar nuevas semillas de creencias positivas y constructivas en su lugar, para rellenar el vacío y direccionar tu proyección hacia la realidad deseada. Es como sustituir las malas hierbas por flores en el jardín: después de remover las malas hierbas, es preciso sembrar y cultivar flores bonitas y nutritivas.

Para sustituir tus creencias limitantes por creencias potenciadoras, puedes utilizar las siguientes técnicas:

Afirmaciones positivas: Crea afirmaciones positivas que expresen las creencias que tú deseas internalizar, las cualidades que deseas cultivar y la realidad que deseas manifestar. Las afirmaciones deben ser frases cortas, positivas, en presente y cargadas de emoción. Repite estas afirmaciones diariamente, con convicción y fe, para reprogramar tu subconsciente con nuevas creencias potenciadoras. Ejemplos de afirmaciones: "Yo soy capaz y merecedor/a de alcanzar mis sueños", "La vida es abundante y llena de oportunidades", "Yo soy amado/a y aceptado/a incondicionalmente", "Yo confío en mi intuición y en el flujo de la vida".

Visualización creativa: Utiliza la visualización creativa para imaginarte viviendo la realidad deseada, como si ya fuera real en el presente momento. Visualízate actuando, sintiendo y experimentando como si ya poseyeras las cualidades, las capacidades y las circunstancias que deseas manifestar. La visualización fortalece las nuevas creencias potenciadoras y programa tu subconsciente con imágenes y emociones positivas.

Modelado y mentoría: Busca modelos de referencia, personas que ya superaron limitaciones semejantes a las tuyas y que alcanzaron el éxito y la felicidad que tú deseas. Estudia sus historias, sus patrones de pensamiento, sus estrategias y aprende con sus ejemplos. Busca mentores que te puedan guiar y apoyar en el proceso de transformación de tus creencias y de cocreación de tu realidad.

Reprogramación subliminal: Utiliza recursos subliminales, como audios o videos con mensajes subliminales positivos, para reprogramar tu subconsciente con nuevas creencias potenciadoras de forma más profunda y eficaz. Estos recursos evitan la resistencia de la mente consciente e implantan las nuevas creencias directamente en el subconsciente.

La liberación de creencias limitantes es un proceso continuo y gradual. No esperes que las creencias negativas desaparezcan de la noche a la mañana. Sé paciente contigo mismo, persiste en las prácticas de identificación, desmantelamiento y sustitución de creencias, y celebra los pequeños progresos a lo largo del camino. A medida que limpias la pantalla de tu mente de las creencias limitantes, la proyección de tu realidad se torna más clara, más nítida, más alineada con tus deseos auténticos y más potenciada para manifestar la vida de tus sueños.

Al liberarte de las creencias que te limitan, no solo reescribes tu narrativa interna, sino que también expandes las posibilidades de tu propia realidad. Cada creencia transformada es un velo que se desvanece, permitiéndote ver más allá de las ilusiones y acceder al potencial ilimitado que siempre ha estado a tu disposición. Este proceso de renovación no es un evento único, sino un viaje continuo de autodescubrimiento y empoderamiento, donde, a cada paso, te vuelves más consciente de tu poder de cocreación y más alineado con la vida que verdaderamente deseas vivir.

Capítulo 11
Enfocando Tus Intenciones y Deseos

Ahora que hemos recorrido el viaje de despertar a nuestro Proyector Interior, limpiar creencias limitantes y tomar conciencia de nuestra capacidad de co-creación, avanzamos hacia un momento decisivo: dirigir con claridad nuestras intenciones y deseos. Así como un jardinero que elige cuidadosamente las semillas que desea plantar, cada pensamiento intencional y deseo alineado con nuestra esencia se convierte en un punto focal de nuestra realidad en formación. Cuando intencionamos con claridad y propósito, cultivamos un campo energético propicio para manifestar experiencias significativas y auténticas, transformando posibilidades en realidad concreta.

Si los pensamientos y las creencias son el lenguaje de la proyección, entonces las intenciones y los deseos son la dirección de ese lenguaje, el foco de nuestra energía creativa. Intenciones y deseos son como semillas que plantamos en el campo de la conciencia, determinando el tipo de realidad que cosecharemos. Si plantamos semillas de intenciones claras, enfocadas y alineadas con nuestro propósito auténtico, cosecharemos una realidad rica, significativa y llena de realización. Si, por otro lado, plantamos semillas de intenciones vagas, confusas o desalineadas con nuestra verdad interior, la cosecha podrá ser incierta, frustrante y por debajo de nuestro potencial.

Imagina un jardinero hábil que se prepara para plantar un jardín. Antes que nada, necesita definir claramente lo que desea cultivar. ¿Quiere un jardín de flores vibrantes, un huerto frutal, una huerta de vegetales nutritivos, o una combinación de todo esto? La claridad de su intención es el primer paso esencial para el éxito de su jardín. Si planta semillas aleatoriamente, sin un plan claro, el resultado podría ser un jardín caótico y poco productivo.

De la misma forma, en la co-creación consciente, la claridad de nuestras intenciones y deseos es fundamental. Necesitamos saber qué queremos realmente manifestar en nuestra realidad, definir con precisión nuestros objetivos, alinear nuestros deseos con nuestros valores más profundos y dirigir nuestra energía creativa de forma enfocada e intencional. Intenciones y deseos vagos, imprecisos o contradictorios tienden a generar resultados similares: una realidad confusa, inconsistente y por debajo de nuestro potencial.

Enfocar las intenciones y deseos no significa solo "querer mucho" algo, o deseando de forma superficial y pasajera. Significa, sí, dirigir nuestra atención y nuestra energía de forma constante y consistente hacia aquello que realmente queremos manifestar, cultivando un estado mental y emocional alineado con la realidad deseada. Es como dirigir la luz del sol a través de una lupa: la luz difusa tiene poco poder, pero cuando se enfoca en un punto específico, puede generar calor intenso e incluso iniciar un fuego. De la misma forma, nuestra energía creativa, cuando se enfoca en intenciones y deseos claros, gana un poder de manifestación mucho mayor.

El proceso de enfocar las intenciones y deseos involucra algunos pasos importantes:

1. Clarificación de los Deseos Auténticos:

El primer paso es distinguir los deseos auténticos de los deseos superficiales o impuestos. Muchas veces, deseamos cosas que, en realidad, no resuenan con nuestra esencia, que son influenciadas por expectativas sociales, presiones externas o patrones de comparación con los otros. Estos deseos "prestados" o "artificiales" tienden a tener menos poder de manifestación y, aunque se concreten, pueden no traer la satisfacción y la alegría que esperamos.

Los deseos auténticos, por otro lado, son aquellos que nacen de nuestro corazón, que resuenan con nuestra alma, que se alinean con nuestro propósito de vida y con nuestros valores más profundos. Son deseos que nos inspiran, que nos motivan, que nos hacen sentir vivos y realizados. Son estos deseos auténticos los que tienen el mayor poder de manifestación, pues están cargados con la energía de nuestra verdad interior.

Para clarificar tus deseos auténticos, puedes hacer las siguientes preguntas introspectivas:

¿Qué es lo que realmente quiero experimentar en mi vida?

¿Qué es lo que me trae alegría genuina y satisfacción duradera?

¿Qué es lo que me hace sentir vivo y entusiasmado?

¿Cuáles son mis valores más importantes y cómo mis deseos se alinean con esos valores?

Si pudiera tener cualquier cosa que deseara, ¿qué sería? (Sin limitaciones o restricciones)

Si viviera mi vida más auténtica y llena de propósito, ¿cómo sería esa vida?

2. Definición de Intenciones Claras y Específicas:

Una vez clarificados tus deseos auténticos, el siguiente paso es definir intenciones claras y específicas para su manifestación. Intenciones vagas y genéricas tienden a generar resultados vagos y genéricos. Intenciones claras y específicas dirigen tu energía creativa de forma precisa y eficaz.

En vez de decir "Quiero ser feliz", que es una intención vaga y genérica, define intenciones más específicas, como "Intenciono sentir alegría y gratitud en todas las áreas de mi vida hoy", o "Intenciono cultivar relaciones armoniosas y significativas". En vez de decir "Quiero tener más dinero", define intenciones más específicas, como "Intenciono atraer abundancia financiera a mi vida de forma ética y sostenible", o "Intenciono generar X valor en ingresos extra este mes".

Al definir tus intenciones, sé lo más específico posible, incluyendo detalles sensoriales, emocionales y contextuales. Visualízate viviendo la realidad deseada, siente las emociones positivas asociadas a esa realidad, e imagina los detalles concretos de su manifestación. Cuanto más vívida y detallada sea tu intención, más poderosa será tu proyección.

3. Alineación con Valores y Propósito:

Para garantizar que tus intenciones sean verdaderamente potenciadoras y traigan realización duradera, es crucial alinearlas con tus valores más profundos y con tu propósito de vida. Intenciones desalineadas con tu verdad interior pueden generar conflictos internos, sabotear tu manifestación y, aunque se concreten, pueden no traer la felicidad y la satisfacción que buscas.

Pregúntate: "¿Cómo este deseo se alinea con mis valores más importantes? ¿Cómo la manifestación de esta intención contribuirá a mi propósito de vida? ¿Cómo esto beneficiará no solo a mí, sino también a los demás y al mundo en general?". Intenciones alineadas con tus valores y propósito tienen un poder de manifestación mucho mayor, pues están en resonancia con tu esencia más profunda y con el flujo de la evolución de la conciencia.

4. Utilización de Lenguaje Afirmativo y en Presente:

Al formular tus intenciones, utiliza siempre lenguaje afirmativo y en presente. Evita frases negativas, dudas o expresiones de falta o carencia. En vez de decir "No quiero más deudas", di "Intenciono vivir en una realidad de libertad financiera y abundancia". En vez de decir "Espero tener salud", di "Intenciono experimentar salud perfecta y bienestar en todos los niveles".

Formula tus intenciones como si la realidad deseada ya fuera una realidad presente, como si ya estuvieras viviéndola en el momento actual. Utiliza frases como "Yo soy...", "Yo tengo...", "Yo siento...",

"Yo agradezco por...", en presente, con convicción y fe. El lenguaje afirmativo y en presente fortalece tu proyección mental y programa tu subconsciente con la creencia de que la realidad deseada ya es una posibilidad presente e inminente.

5. Práctica de la Visualización y la Emoción:

Para fortalecer aún más tus intenciones y acelerar el proceso de manifestación, combina la definición de intenciones claras con la práctica de la visualización y la emoción. Visualízate viviendo la realidad deseada con todos tus sentidos, imagina los detalles, los colores, los sonidos, los olores, los sabores, las texturas. Y, sobre todo, siente las emociones positivas asociadas a la manifestación de tu intención: alegría, gratitud, entusiasmo, amor, confianza.

La visualización y la emoción intensifican la carga energética de tu proyección mental, enviando una señal más fuerte y clara a la matriz de la proyección. Es como añadir combustible de alto octanaje al motor de tu co-creación consciente, acelerando el proceso de manifestación y haciéndolo más poderoso y eficaz.

Para comenzar a plantar las semillas de tu realidad deseada, realiza el siguiente ejercicio práctico:

Ejercicio: Plantando las Semillas de Tus Intenciones

Reserva un tiempo tranquilo e inspírate con música suave o un ambiente natural relajante.

Revisa tus reflexiones del ejercicio del Capítulo 8, donde clarificaste tus deseos auténticos y tu poder de Proyector Interior.

Elige un área de tu vida donde deseas manifestar un cambio positivo (salud, relaciones, prosperidad, propósito, etc.).

Define una intención clara y específica para esa área de tu vida, siguiendo los principios que exploramos en este capítulo:

Clarifica tu deseo auténtico, alineado con tus valores.

Sé lo más específico posible en la definición de tu intención.

Alinea tu intención con tu propósito de vida y con el bien mayor.

Utiliza lenguaje afirmativo y en presente.

Escribe tu intención de forma clara y concisa en un papel o en un diario. Por ejemplo: "Intenciono experimentar salud radiante y vitalidad en todos los niveles de mi ser", o "Intenciono atraer una relación amorosa, armoniosa y significativa a mi vida".

Visualízate viviendo la realidad deseada con todos tus sentidos, durante algunos minutos. Imagina los detalles, los colores, los sonidos, los olores, los sabores, las texturas. Siente las emociones positivas de alegría, gratitud y entusiasmo llenando tu ser.

Repite tu intención en voz alta o mentalmente, con convicción y fe, varias veces al día. Siente la energía de tu intención vibrando en cada célula de tu cuerpo.

Agradece anticipadamente por la manifestación de tu intención, como si ya fuera una realidad presente. La gratitud fortalece tu proyección y abre el camino para la manifestación.

Libera tu intención al universo, confiando en que la proyección se manifestará en el momento perfecto y de la forma más apropiada. Desapégate del resultado específico y confía en el flujo de la vida.

Este ejercicio es el inicio de tu práctica de plantar las semillas de tus intenciones. A medida que repites este proceso regularmente, en diferentes áreas de tu vida, y con cada vez mayor claridad, foco y emoción, comenzarás a experimentar el poder transformador de enfocar tus intenciones y deseos en la co-creación consciente de tu realidad. ¡Planta las semillas con confianza, riégalas con fe y prepárate para cosechar una realidad abundante y maravillosa!

Capítulo 12
El Poder de la Visualización

La visualización es una herramienta poderosa que fortalece nuestra capacidad de cocreación consciente, permitiéndonos moldear la realidad a partir de la mente. Cuando imaginamos una escena con claridad y emoción, estamos transmitiendo al subconsciente un mensaje claro sobre lo que deseamos manifestar. La mente no distingue entre lo real y lo intensamente visualizado, lo que significa que, al crear imágenes mentales detalladas y cargadas de sentimiento, activamos mecanismos internos que nos impulsan hacia la concreción de esas experiencias. Este proceso no solo refuerza la creencia en la manifestación, sino que también alinea nuestras emociones y energía con la realidad deseada, acelerando su materialización.

La visualización creativa es el arte de usar nuestra imaginación para crear imágenes mentales vívidas y detalladas de la realidad que deseamos cocrear. Es como pintar un cuadro de nuestra vida ideal en la pantalla de nuestra mente, usando todos nuestros sentidos y emociones para hacer esa imagen lo más real y envolvente posible. La visualización no es solo "soñar despierto" de forma pasiva, sino un proceso activo e intencional de dirigir nuestra energía creativa hacia la manifestación de la realidad deseada.

Si los pensamientos y las creencias son el lenguaje de la proyección, y las intenciones y deseos son el foco de ese lenguaje, entonces la visualización es la gramática y la sintaxis de ese lenguaje en acción. La visualización da forma, color, movimiento y emoción a nuestros pensamientos, creencias e intenciones, haciendo nuestra proyección mental más poderosa, más coherente y más eficaz. Es como transformar una idea abstracta en un proyecto concreto, en un blueprint detallado que guía la construcción de la realidad.

¿Cómo funciona el poder de la visualización?

La visualización funciona porque la mente subconsciente no distingue entre la realidad "real" y la realidad vívidamente imaginada. Cuando visualizamos algo con claridad, detalle y emoción, nuestro subconsciente registra esa imagen mental como si fuera una experiencia real, y comienza a trabajar para manifestarla en nuestra realidad externa. Es como si estuviéramos enviando una "descarga" de la realidad deseada a nuestro subconsciente, programándolo para atraer y crear experiencias correspondientes.

Además, la visualización fortalece nuestra creencia en la posibilidad de la manifestación. Al visualizar repetidamente la realidad deseada, comenzamos a sentir que es real, que es posible, que ya está en camino de concretarse. Esta creencia fortalecida envía una señal aún más poderosa a la matriz de la proyección, acelerando el proceso de manifestación y disipando dudas y resistencias internas.

La visualización también alinea nuestras emociones con la realidad deseada. Al involucrar emociones positivas en la visualización – alegría, gratitud, entusiasmo, amor – elevamos nuestra frecuencia vibracional y atraemos a nuestra vida experiencias que resuenan con esa frecuencia. Las emociones son un poderoso catalizador de la manifestación, y la visualización es una herramienta eficaz para dirigir nuestras emociones de forma consciente e intencional.

Técnicas eficaces de visualización:

Para utilizar el poder de la visualización de forma eficaz en la cocreación consciente, es importante seguir algunas técnicas y principios clave:

Involucra todos tus sentidos: No te limites a visualizar solo imágenes visuales en tu mente. Procura involucrar todos tus sentidos en la visualización:

Visión: Ve con los ojos de la mente la realidad deseada con el máximo de detalles posible. Colores, formas, luces, movimientos, escenarios, personas.

Audición: Escucha los sonidos asociados a la realidad deseada. Voces, música, sonidos de la naturaleza, ruidos ambientales.

Olfato: Siente los olores característicos de la realidad deseada. Perfumes, aromas, olores del ambiente.

Gusto: Saborea los gustos asociados a la realidad deseada. Comida, bebida, sabores del ambiente.

Tacto: Siente las texturas y las sensaciones físicas de la realidad deseada. Toque, temperatura, presión, vibración.

Cuanto más sensorial sea tu visualización, más real y envolvente se volverá para tu subconsciente, y más poderosa será tu proyección.

Involucra tus emociones: La visualización no es solo un ejercicio mental, sino también emocional. Procura sentir las emociones positivas asociadas a la realidad deseada mientras la visualizas: alegría, gratitud, amor, entusiasmo, confianza, paz. Siente estas emociones llenando tu corazón, vibrando en cada célula de tu cuerpo, irradiándose hacia tu realidad.

La emoción es el combustible de la visualización, lo que le da fuerza y poder de manifestación. Cuanto más intensas y genuinas sean tus emociones positivas durante la visualización, más eficaz será.

Crea imágenes vívidas y detalladas: No te conformes con visualizaciones vagas y genéricas. Procura crear imágenes mentales lo más vívidas y detalladas posible, como si estuvieras viendo una película de tu realidad deseada. Presta atención a los pequeños detalles, a los colores, a las formas, a los movimientos, a los rostros de las personas, a los objetos del ambiente.

Cuanto más detallada sea tu visualización, más real y concreta se volverá para tu subconsciente, y más fácil será para tu mente manifestarla en la realidad externa.

Visualiza regularmente y consistentemente: La visualización no es una técnica "mágica" que funciona instantáneamente con una única sesión. Para obtener resultados eficaces, es preciso visualizar regularmente y consistentemente, idealmente todos los días, durante algunos minutos. La consistencia y la repetición fortalecen tu proyección mental y programan tu subconsciente de forma gradual y duradera.

Define un horario específico para tu práctica de visualización, de preferencia en un momento del día en que te sientas relajado y tranquilo, como por la mañana al despertar o por la noche antes de dormir. Crea un ritual personal para tu visualización, encendiendo una vela, usando incienso o escuchando música suave, para crear un ambiente propicio e inspirador.

Visualiza en el presente: Visualiza la realidad deseada como si ya fuera una realidad presente, como si ya la estuvieras viviendo en el momento actual. Evita visualizar en el futuro, como algo que "sucederá un día". El subconsciente responde mejor a imágenes y emociones del presente, pues las interpreta como realidades actuales.

Utiliza afirmaciones en presente durante la visualización, como "Soy saludable y lleno de energía", "Tengo abundancia financiera y prosperidad en todas las áreas de mi vida", "Vivo relaciones amorosas y armoniosas". Siente la realidad deseada como si ya fuera tuya, en el "aquí y ahora".

Para ayudarte a comenzar a practicar el poder de la visualización, propongo el siguiente ejercicio de visualización guiada, enfocado en el área de la salud y el bienestar:

Ejercicio de Visualización Guiada: Salud Radiante y Vitalidad

Encuentra un lugar tranquilo donde puedas relajarte sin interrupciones por 10-15 minutos. Siéntate o acuéstate cómodamente, cierra los ojos y respira hondo algunas veces para relajar tu cuerpo y tu mente.

Visualiza tu cuerpo irradiando salud y vitalidad. Ve cada célula de tu cuerpo brillando con energía vibrante, llena de luz y vida. Imagina tu piel luminosa y saludable, tus ojos brillantes y llenos de energía, tu cuerpo fuerte y flexible.

Involucra tus sentidos en la visualización de tu salud perfecta:

Visión: Vete practicando actividades físicas que adoras, con facilidad y alegría. Correr, bailar, nadar, caminar en la naturaleza, lo que sea que resuene contigo. Ve tu cuerpo moviéndose con gracia, fuerza y vitalidad.

Audición: Escucha el sonido de tu respiración profunda y relajada, el ritmo fuerte y saludable de tu corazón, tu risa contagiosa y llena de energía.

Tacto: Siente la sensación de bienestar y confort en tu cuerpo. Siente la energía vibrando en cada célula, la fuerza en tus músculos, la ligereza en tus movimientos.

Gusto: Saborea alimentos saludables y nutritivos que nutren tu cuerpo y te dan energía y vitalidad. Frutas frescas, vegetales sabrosos, agua pura y revitalizante.

Olfato: Siente el aroma fresco y revitalizante del aire puro entrando en tus pulmones, el perfume de las flores de la naturaleza, el olor saludable de tu cuerpo limpio y energizado.

Siente las emociones positivas asociadas a tu salud perfecta y bienestar: alegría, gratitud, vitalidad, energía, confianza, paz interior. Permite que estas emociones llenen tu ser, que se expandan más allá de tu cuerpo, irradiándose hacia toda tu realidad.

Repite afirmaciones positivas sobre tu salud y bienestar durante la visualización: "Soy saludable y lleno de energía", "Mi cuerpo es fuerte, saludable y vibrante", "Amo y cuido de mi cuerpo con gratitud y respeto", "Merezco salud perfecta y bienestar en todos los niveles".

Agradece anticipadamente al universo por tu salud radiante y vitalidad, como si ya fuera una realidad presente. Siente la gratitud llenando tu corazón y expandiéndose hacia tu realidad.

Permanece en este estado de visualización y emoción positiva por 5-10 minutos, disfrutando de la sensación de salud perfecta y bienestar. Cuando te sientas listo, abre los ojos y regresa al momento presente, llevando contigo la energía vibrante de tu visualización.

Consejos para una visualización exitosa:

Relaja el cuerpo y la mente antes de comenzar a visualizar. Utiliza técnicas de respiración profunda, meditación o relajación muscular para calmar la mente y liberar tensiones corporales.

Comienza con sesiones cortas de visualización y ve aumentando gradualmente la duración a medida que te sientas más cómodo y confiado.

Sé paciente y persistente. La visualización es una habilidad que se desarrolla con la práctica. No te desanimes si no ves resultados inmediatos. Continúa practicando regularmente, con fe y persistencia, y los resultados comenzarán a manifestarse en tu realidad.

Cree en tu poder de visualizar y manifestar. Tu creencia es un ingrediente esencial para el éxito de la visualización. Confía en tu capacidad de crear la realidad deseada a través de tu proyección mental.

El poder de la visualización es una herramienta extraordinaria para la cocreación consciente. Al pintar la realidad deseada en la pantalla de tu mente, con todos tus sentidos y emociones, fortaleces tu proyección mental, programas tu subconsciente para el éxito y aceleras el proceso de manifestación. Comienza a practicar la visualización regularmente, en diferentes áreas de tu vida, y prepárate para presenciar el poder transformador de este arte en la cocreación de la realidad de tus sueños. ¡Pinta tu realidad deseada con colores vibrantes y emociones radiantes, y observa la magia de la proyección manifestándose en tu vida!

Capítulo 13
Declarando Tu Nueva Realidad

Declarar tu nueva realidad es un acto poderoso de cocreación consciente. Cuando las afirmaciones positivas se repiten con convicción y emoción, se convierten en semillas plantadas en el subconsciente, reemplazando creencias limitantes por una nueva programación mental alineada con tus deseos. Así como un decreto emitido con autoridad, cada afirmación dirige tu energía y fortalece tu campo vibracional, permitiendo que la realidad se moldee de acuerdo con esa nueva frecuencia. Al transformar palabras en declaraciones firmes, abres camino para una manifestación más clara, acelerando el proceso de materialización de tus sueños.

Las afirmaciones son declaraciones positivas, formuladas en el presente, que expresan la realidad que deseas cocrear. Son frases concisas y poderosas que repites regularmente, con convicción y fe, para reprogramar tu subconsciente con creencias potenciadoras y dirigir tu energía hacia la manifestación de tus deseos. Las afirmaciones son como decretos que emites al universo, declarando tu intención de vivir una nueva realidad e invitándola a manifestarse en tu experiencia.

Si los pensamientos y las creencias son el lenguaje de la proyección, y la visualización es la gramática y la sintaxis, entonces las afirmaciones son la voz y la pronunciación de ese lenguaje. Las afirmaciones dan sonido, ritmo e intención vocal a tu proyección mental, haciéndola más audible, más resonante y más impactante para el universo. Es como transformar un pensamiento silencioso en una declaración audaz y confiante, que resuena en la realidad y la invita a responder.

¿Cómo funcionan las afirmaciones?

Las afirmaciones funcionan porque la repetición constante de declaraciones positivas programa la mente subconsciente. El subconsciente es como un "disco duro" de la mente, donde se almacenan nuestras creencias, nuestros hábitos y nuestros patrones de pensamiento automáticos. Al repetir afirmaciones positivas de forma consistente, estamos reescribiendo la programación del subconsciente, sustituyendo creencias limitantes por creencias potenciadoras, patrones negativos por patrones positivos, y expectativas de escasez por expectativas de abundancia.

La repetición de las afirmaciones crea nuevas vías neuronales en el cerebro, fortaleciendo las conexiones sinápticas asociadas a las creencias potenciadoras y debilitando las conexiones asociadas a las creencias limitantes. Con el tiempo y la práctica, las afirmaciones se convierten en creencias internalizadas, convicciones profundas que se manifiestan en tu realidad externa.

Las afirmaciones también dirigen tu foco y tu atención. Aquello en lo que enfocas tu atención se expande en tu realidad. Al repetir afirmaciones positivas sobre las áreas de tu vida que deseas mejorar, estás dirigiendo tu foco hacia las soluciones, hacia las posibilidades, hacia el potencial positivo, en lugar de concentrarte en los problemas, en las limitaciones y en los obstáculos. Este foco positivo atrae a tu vida experiencias, oportunidades y recursos que se alinean con tus afirmaciones.

Además, las afirmaciones elevan tu vibración energética. Las palabras cargan energía y vibración. Las afirmaciones positivas, formuladas con emoción y convicción, emiten una vibración energética elevada, que resuena con la frecuencia de la abundancia, de la alegría, de la salud y del éxito. Esta vibración elevada atrae a tu vida experiencias y personas que vibran en la misma frecuencia, creando un ciclo virtuoso de manifestación positiva.

Principios clave para afirmaciones eficaces:

Para que las afirmaciones sean realmente eficaces en la cocreación consciente, es importante seguir algunos principios y directrices:

Formula las afirmaciones en el presente: Utiliza siempre el tiempo presente al formular tus afirmaciones, como si la realidad deseada ya fuera una realidad actual. Evita el futuro o el condicional, como "Yo voy a tener...", "Yo quisiera ser...", "Yo podría tener...". El presente momento es el único momento de poder, y el subconsciente responde mejor a afirmaciones en el presente.

En vez de decir "Yo voy a ser rico", di "Yo soy rico y abundante en todas las áreas de mi vida". En vez de decir "Yo quisiera tener salud", di "Yo tengo salud perfecta y vitalidad radiante". Declara tu nueva realidad como si ya fuera una realidad presente y palpable.

Utiliza lenguaje positivo y afirmativo: Formula tus afirmaciones utilizando lenguaje positivo y afirmativo, enfocando en lo que deseas atraer y manifestar, y no en lo que deseas evitar o eliminar. Evita palabras negativas, como "no", "nunca", "sin", "contra", que pueden enviar señales confusas para el subconsciente e incluso atraer aquello que no deseas.

En vez de decir "Yo no quiero más deudas", di "Yo soy libre de deudas y abundante en recursos financieros". En vez de decir "Yo no quiero enfermarme", di "Yo soy saludable y lleno de vitalidad". Enfócate en lo positivo, en lo deseable, en lo que quieres atraer para tu vida.

Sé específico y detallado (pero flexible): En algunas áreas de la vida, puede ser útil formular afirmaciones específicas y detalladas, incluyendo detalles sensoriales, emocionales y contextuales, para hacer tu proyección más vívida y dirigida. Por ejemplo, si deseas atraer una relación amorosa, puedes afirmar: "Yo estoy en una relación amorosa, apasionada y armoniosa con una pareja compatible, que me ama, me valora y me apoya en todos los aspectos de la vida".

Sin embargo, en otras áreas, puede ser más beneficioso mantener las afirmaciones más genéricas y flexibles, permitiendo que el universo manifieste tu intención de la forma más apropiada y sorprendente. Por ejemplo, si deseas atraer más abundancia financiera, puedes afirmar: "Yo soy un imán para la abundancia y prosperidad financiera, y el universo está siempre proveyendo mis necesidades y deseos de formas sorprendentes y creativas". Confía en la sabiduría del universo y deja espacio para la manifestación divina.

Usa afirmaciones cortas y memorables: Formula tus afirmaciones de forma corta, concisa y memorable, para que sea fácil repetirlas e internalizarlas. Frases largas y complejas pueden ser difíciles de memorizar y de mantener el foco. Elige palabras poderosas e impactantes, que resuenen con tu intención y que sean fáciles de repetir mentalmente o en voz alta.

Repite las afirmaciones regular y consistentemente: La repetición es la clave para la programación del subconsciente. Repite tus afirmaciones diariamente, idealmente varias veces al día, durante al menos 5-10 minutos por sesión. La consistencia es más importante que la duración de las sesiones. Es mejor repetir tus afirmaciones por algunos minutos todos los días que por largos períodos esporádicamente.

Define momentos específicos para tu práctica de afirmaciones: por la mañana al despertar, por la noche antes de dormir, durante tu trayecto al trabajo, durante el ejercicio físico, o siempre que sientas necesidad de reforzar tu proyección mental. Crea un ritual personal para tu práctica de afirmaciones, combinándolas con la visualización, la respiración consciente o la música inspiradora, para hacer la experiencia más agradable y poderosa.

Siente la emoción de las afirmaciones: No repitas tus afirmaciones solo como palabras vacías, de forma mecánica y automática. Siente la emoción de tus afirmaciones, conéctate con el sentimiento de ya poseer, ya ser o ya estar experimentando la realidad que estás declarando. Siente la alegría, la gratitud, el entusiasmo, la confianza, el amor, la paz, asociadas a tu afirmación.

La emoción es el catalizador de la manifestación. Afirmaciones cargadas de emoción positiva tienen un poder de programación subconsciente y de proyección mucho mayor que afirmaciones repetidas sin sentimiento. Envuelve tu corazón en tus afirmaciones y deja que las emociones amplifiquen tu poder de cocreación.

Ejemplos de afirmaciones poderosas para diversas áreas de la vida:

Salud y Bienestar:

"Yo tengo salud perfecta y vitalidad radiante." "Mi cuerpo es fuerte, saludable y lleno de energía." "Yo amo y cuido de mi cuerpo con gratitud y respeto." "Yo merezco salud plena y bienestar en todos los niveles."

Prosperidad y Abundancia:

"Yo soy un imán para la abundancia y prosperidad financiera." "La abundancia fluye fácilmente y abundantemente para mi vida." "Yo soy próspero/a y abundante en todas las áreas de mi vida." "Yo merezco vivir una vida rica, próspera y llena de abundancia."

Relaciones Amorosas:

"Yo atraigo relaciones amorosas, armoniosas y significativas para mi vida." "Yo soy amado/a y aceptado/a incondicionalmente." "Yo doy y recibo amor en abundancia, de forma fácil y natural." "Yo merezco una relación amorosa, feliz y duradera."

Propósito y Realización:

"Yo vivo mi propósito de vida con pasión, alegría y realización." "Yo soy talentoso/a, creativo/a y capaz de alcanzar mis sueños." "Yo sigo mi intuición y confío en mi camino de vida." "Yo merezco vivir una vida llena de significado, propósito y realización."

Paz Interior y Felicidad:

"Yo siento paz interior profunda y serenidad en todos los momentos." "Yo soy agradecido/a por mi vida y por las bendiciones que me rodean." "Yo elijo ser feliz y vivir con alegría y entusiasmo todos los días." "Yo merezco vivir una vida llena de paz, felicidad y contento."

Para comenzar a utilizar el poder de las afirmaciones en tu cocreación consciente, realiza el siguiente ejercicio práctico:

Ejercicio: Creando y Practicando Afirmaciones Poderosas

Elige un área de tu vida donde deseas manifestar un cambio positivo (salud, prosperidad, relaciones, propósito, etc.).

Identifica una creencia limitante que puedas tener en esa área de la vida, que esté saboteando tu manifestación. (Revisa el Capítulo 10, si es necesario).

Crea una o más afirmaciones positivas que contrarresten esa creencia limitante y que declaren la realidad que deseas cocrear en esa área de la vida, siguiendo los principios que exploramos en este capítulo.

Escribe tus afirmaciones de forma clara y concisa en un papel o en un diario.

Elige un horario específico de tu día para practicar tus afirmaciones, durante al menos 5-10 minutos.

Relaja tu cuerpo y tu mente, respira hondo algunas veces y céntrate en el momento presente.

Repite tus afirmaciones en voz alta o mentalmente, con convicción, fe y emoción positiva. Siente la energía de las palabras vibrando en cada célula de tu cuerpo.

Visualízate viviendo la realidad declarada en tus afirmaciones, con todos tus sentidos y emociones. Combina la repetición de las afirmaciones con la visualización para fortalecer tu proyección mental.

Practica tus afirmaciones diariamente, con persistencia y dedicación. La consistencia es la clave para la programación subconsciente y para la manifestación de tu nueva realidad.

Ajusta y refina tus afirmaciones conforme sea necesario, a medida que tu conciencia se expande y tus deseos se vuelven más claros. Las afirmaciones son herramientas dinámicas que pueden ser adaptadas y personalizadas para tus necesidades e intenciones específicas.

El poder de las afirmaciones es una herramienta extraordinaria para la cocreación consciente. Al declarar tu nueva realidad con palabras positivas, formuladas en el presente y cargadas de emoción, reprogramas tu subconsciente, diriges tu energía y aceleras el proceso de manifestación de tus sueños. ¡Comienza a utilizar el poder de las afirmaciones diariamente, en todas las áreas de tu vida, y prepárate para presenciar la transformación de tu realidad, a medida que declaras y vives la vida de tus sueños!

Capítulo 14
Atrayendo Abundancia y Alegría

La gratitud es la llave que desbloquea el flujo natural de la abundancia y la alegría. Cuando cultivamos el hábito de reconocer y valorar las bendiciones presentes en nuestra vida, ajustamos nuestra vibración para atraer aún más motivos para agradecer. En lugar de enfocarnos en lo que falta, pasamos a percibir la riqueza a nuestro alrededor, ampliando la sensación de contento y plenitud. Este estado de apreciación sincera no solo transforma nuestra perspectiva, sino que también fortalece la conexión con el universo, creando un ciclo continuo de prosperidad y bienestar.

La gratitud es una emoción poderosa de aprecio, reconocimiento y contento por las bendiciones de la vida. Es la capacidad de valorar y apreciar lo que ya tenemos, en lugar de enfocarnos en lo que falta o en lo que deseamos alcanzar. La gratitud no es solo un sentimiento pasajero, sino una actitud mental, un estado del ser que puede ser cultivado y practicado conscientemente, transformando nuestra perspectiva sobre la vida y nuestra capacidad de cocrear la realidad deseada.

Si los pensamientos y creencias son el lenguaje de la proyección, la visualización la gramática y las afirmaciones la voz, entonces la gratitud es la emoción que energiza e impulsa ese lenguaje para la manifestación. La gratitud es como el combustible de alto octanaje que alimenta el motor de la cocreación consciente, acelerando el proceso de manifestación y haciéndolo más suave, fluido y alegre. Es la emoción que transforma la intención en realidad, el deseo en experiencia, la proyección en manifestación.

¿Cómo funciona el poder de la gratitud?

La gratitud funciona en múltiples niveles, influenciando tu realidad interna y externa de forma profunda y transformadora:

Eleva tu vibración energética: La gratitud es una emoción de alta frecuencia vibracional, que resuena con la energía de la abundancia, de la alegría, del amor y de la positividad. Al cultivar la gratitud, elevas tu vibración energética personal, sintonizándote con la frecuencia de la realidad que deseas cocrear. La ley de la atracción afirma que lo semejante atrae a lo semejante, y al vibrar en la frecuencia de la gratitud, atraes a tu vida experiencias, personas y oportunidades que resuenan con esa misma frecuencia elevada.

Cambia tu enfoque hacia lo positivo: La práctica de la gratitud direcciona tu enfoque de la falta hacia la abundancia, de la negatividad hacia la positividad, del problema hacia la solución. En vez de concentrarte en lo que no tienes, en lo que no funciona, o en lo que te hace sentir infeliz, la gratitud te invita a reconocer y apreciar las bendiciones que ya están presentes en tu vida, por más pequeñas o insignificantes que puedan parecer. Este enfoque positivo expande tu percepción, abre tus ojos a las oportunidades y recursos disponibles, y atrae más motivos para estar agradecido en tu realidad.

Abre el flujo de la abundancia: La gratitud es como una llave que abre la puerta para el flujo de la abundancia en todas las áreas de tu vida. Al apreciar lo que ya tienes, envías un mensaje al universo de que estás abierto y receptivo a la abundancia, de que valoras las bendiciones que recibes y de que estás listo para recibir aún más. El universo responde a esta señal de gratitud, enviando más bendiciones, más oportunidades y más abundancia a tu vida, en un ciclo virtuoso de dar y recibir.

Amplifica la alegría y el contento: La gratitud aumenta tu sensación de alegría y contento con la vida. Al apreciar el momento presente y las bendiciones que te rodean, te liberas de la búsqueda incesante por algo "más" o "mejor" en el futuro, y empiezas a saborear y disfrutar de la belleza y de la abundancia que ya existen en tu realidad actual. La gratitud transforma tu perspectiva, convirtiendo lo ordinario en extraordinario, lo simple en valioso, lo cotidiano en mágico.

Fortalece las relaciones: La gratitud fortalece tus relaciones con los demás. Expresar gratitud a las personas que forman parte de tu vida nutre los lazos de afecto, fortalece la conexión emocional y crea un ambiente de armonía y apreciación mutua. La gratitud en las relaciones genera reciprocidad, gentileza y generosidad, creando círculos virtuosos de amor y apoyo.

Cómo practicar la gratitud conscientemente:

Cultivar la gratitud como una práctica diaria y consciente es un proceso simple, pero profundamente transformador. Aquí tienes algunas técnicas y sugerencias prácticas para integrar la gratitud en tu vida cotidiana:

Diario de la Gratitud: Reserva algunos minutos todos los días, preferiblemente por la mañana al despertar o por la noche antes de dormir, para escribir en un diario de gratitud. Anota de 3 a 5 cosas por las cuales te sientes agradecido ese día, o en tu vida en general. Pueden ser cosas grandes o pequeñas, materiales o inmateriales, cotidianas o especiales. Lo importante es reconocer y apreciar las bendiciones que te rodean.

Ejemplos de cosas por las que puedes estar agradecido: tu salud, tu familia, tus amigos, tu hogar, tu trabajo, la naturaleza, la comida, el agua, el sol, tu capacidad de amar, de aprender, de crear, etc. Varía tu lista de gratitud todos los días, buscando siempre nuevos motivos para agradecer.

Lista de la Gratitud: Si lo prefieres, en lugar de escribir un diario, puedes crear una lista mental de gratitud antes de dormir o al despertar. Piensa en varias cosas por las que te sientes agradecido y saborea la emoción de la gratitud en cada ítem de la lista. La simple acción de pensar conscientemente en cosas por las que estás agradecido ya eleva tu vibración y abre el flujo de la abundancia.

Caminata de la Gratitud: Transforma tus caminatas diarias en una práctica de gratitud. Mientras caminas, observa el mundo a tu alrededor y encuentra motivos para agradecer en cada detalle: la belleza de la naturaleza, el aire que respiras, el sol que calienta tu piel, los sonidos de la ciudad, las personas que pasan, etc. Siente la gratitud llenando tu corazón mientras caminas y aprecias las bendiciones que te rodean.

Afirmaciones de Gratitud: Incorpora afirmaciones de gratitud en tu práctica diaria de afirmaciones. Crea afirmaciones que expresen tu gratitud por las bendiciones que ya posees, y por las bendiciones que están en camino a tu vida. Ejemplos de afirmaciones de gratitud: "Estoy agradecido/a por todas las bendiciones de mi vida", "Agradezco por la abundancia que fluye constantemente hacia mí", "Reconozco y aprecio la belleza y la magia de mi vida", "Estoy agradecido/a por tener todo lo que necesito y deseo". Repite estas afirmaciones con emoción y convicción para fortalecer tu práctica de gratitud.

Cartas de Gratitud: Escribe cartas de gratitud para personas importantes en tu vida, expresando tu aprecio y reconocimiento por el impacto positivo que tienen en ti. Envía estas cartas (o entrégalas personalmente, si es posible) para fortalecer tus relaciones e irradiar gratitud al mundo. La escritura de cartas de gratitud es una práctica poderosa para nutrir los lazos afectivos y expresar tu amor y reconocimiento a las personas que te rodean.

Visualización de la Gratitud: Combina tu práctica de visualización con la emoción de la gratitud. Mientras visualizas la realidad deseada, siente una profunda gratitud por ya estar experimentándola, como si ya fuera una realidad presente. La gratitud amplifica el poder de la visualización y acelera el proceso de manifestación.

Acto de Gratitud Diario: Elige un acto de gratitud consciente para practicar todos los días. Puede ser algo simple como agradecer verbalmente a alguien, hacer un elogio sincero, ofrecer ayuda a alguien, hacer una donación, enviar un mensaje de aprecio, etc. Pequeños actos de gratitud irradian energía positiva al mundo y fortalecen tu actitud mental de gratitud.

Consejos para cultivar la gratitud:

Empieza pequeño y sé consistente: No necesitas transformar tu vida de la noche a la mañana. Empieza con pequeñas prácticas de gratitud y sé consistente en tu práctica diaria. La consistencia es más importante que la intensidad inicial.

Busca la gratitud en todas las situaciones: Desafíate a encontrar motivos para agradecer incluso en las situaciones desafiantes o negativas. Incluso en momentos difíciles, siempre existen bendiciones disfrazadas o lecciones que aprender. La gratitud transforma tu perspectiva y te ayuda a encontrar lo positivo en todas las situaciones.

Sé específico en tu gratitud: En lugar de agradecer de forma genérica, sé específico sobre lo que estás agradeciendo y por qué. En lugar de decir "Estoy agradecido/a por mi salud", di "Estoy agradecido/a por mi energía vibrante y por la capacidad de mi cuerpo de curarse y funcionar de forma perfecta". La especificidad hace que la gratitud sea más sentida y poderosa.

Siente la emoción de la gratitud: No practiques la gratitud solo de forma mental o superficial. Siente la emoción de la gratitud en tu corazón, deja que llene tu ser, saborea la sensación de aprecio y contento. La emoción es lo que da vida y poder a tu práctica de gratitud.

Comparte tu gratitud: Expresar tu gratitud a los demás amplifica tu experiencia de gratitud y fortalece tus relaciones. Comparte tu gratitud con las personas que amas, con tus amigos, con tu familia, con tus colegas, con el universo. Irradia gratitud al mundo y observa cómo regresa multiplicada a tu vida.

El poder de la gratitud es inmenso y transformador. Al cultivar la gratitud como una práctica diaria y consciente, elevas tu vibración energética, abres el flujo de la abundancia, amplificas tu alegría y contento, fortaleces tus relaciones y aceleras el proceso de cocreación consciente. Comienza hoy mismo a practicar la gratitud, en todas las áreas de tu vida, y prepárate para atraer una realidad abundante, alegre y llena de bendiciones. ¡Abre tu corazón a la gratitud y observa la magia manifestarse en tu vida!

Capítulo 15
Ampliando tu Proyección

Las emociones positivas son la fuerza propulsora que potencia la manifestación de la realidad deseada. Más que meros sentimientos pasajeros, funcionan como frecuencias vibratorias elevadas que amplían la proyección mental, atrayendo experiencias alineadas con esa energía. Cuando cultivamos estados emocionales como alegría, gratitud y entusiasmo, fortalecemos nuestra fe en la cocreación y despertamos un campo magnético que resuena con la abundancia y la realización. Esta sintonía emocional transforma no solo nuestra percepción del presente, sino que también acelera la concreción de nuestros deseos, haciendo el proceso de manifestación más fluido y natural.

Las emociones positivas, como alegría, amor, entusiasmo, gratitud, esperanza, confianza, compasión y paz, no son solo estados de ánimo agradables o "sentimientos buenos". Son fuerzas energéticas vibrantes, poderosos catalizadores de la cocreación consciente, que actúan como amplificadores de tu intención, impulsando tu proyección mental con una energía incomparable. Las emociones positivas son la "combustión turbinada" del motor de la manifestación, el ingrediente secreto que transforma el potencial en realidad, el deseo en experiencia tangible.

Si los pensamientos y creencias son el lenguaje, la visualización la gramática, las afirmaciones la voz, y la gratitud el combustible, entonces las emociones positivas son la electricidad que enciende la lámpara de la proyección consciente, iluminando el camino de la manifestación e irradiando tu intención hacia el universo con una fuerza irresistible. Las emociones positivas son la propia esencia de la fuerza vital, la energía creativa en movimiento, la danza vibrante de la conciencia manifestándose en la realidad.

¿Cómo amplifican tu proyección las emociones positivas?

Las emociones positivas actúan como amplificadores de tu proyección mental a través de diversos mecanismos interconectados:

Aumentan tu frecuencia vibracional: Como ya mencionamos en el capítulo anterior, las emociones positivas vibran en una frecuencia energética más elevada que las emociones negativas, como el miedo, la ira, la tristeza o la culpa. Al cultivar emociones positivas, elevas tu frecuencia vibracional global, sintonizándote con la frecuencia de la abundancia, de la alegría, de la salud y del éxito. Esta vibración elevada atrae a tu vida experiencias que resuenan con esa misma frecuencia, como un imán atrae limaduras de hierro.

Fortalecen tu creencia y tu fe: Las emociones positivas fortalecen tu creencia en la posibilidad de la manifestación y tu fe en el proceso de cocreación consciente. Cuando te sientes alegre, entusiasmado y confiado, tu mente subconsciente se vuelve más receptiva a tus intenciones y deseos, disipando dudas y resistencias internas. Las emociones positivas actúan como un poderoso "placebo" mental, convenciendo a tu subconsciente de que la realidad deseada es real, es posible y está en camino de concretarse.

Dirigen tu foco hacia el potencial y las oportunidades: Las emociones positivas expanden tu percepción y abren tus ojos al potencial y las oportunidades que te rodean. Cuando te sientes optimista y esperanzado, te vuelves más receptivo a nuevas ideas, a soluciones creativas, a sincronicidades y a "coincidencias" significativas que pueden impulsar la manifestación de tus deseos. Las emociones positivas actúan como un "radar" mental, guiándote hacia los caminos, las personas y las situaciones que se alinean con tu intención.

Aumentan tu energía y tu motivación: Las emociones positivas energizan tu cuerpo y tu mente, aumentando tu motivación para actuar en dirección a tus objetivos y para superar los desafíos que puedan surgir en el camino de la manifestación. Cuando te sientes inspirado y entusiasmado, te vuelves más proactivo, más resiliente y más persistente en la persecución de tus sueños. Las emociones positivas actúan como un "boost" de energía, impulsándote a actuar con confianza y determinación.

Crean un campo de atracción magnético: Las emociones positivas irradian hacia el mundo, creando un campo de atracción magnético que atrae a tu vida personas, situaciones y recursos que se alinean con tu vibración y con tus intenciones. Las emociones positivas actúan como un "faro" energético, emitiendo una señal clara al universo de que estás abierto y receptivo a la abundancia, a la alegría y al amor. El universo responde a esta señal, enviándote aquello que estás irradiando, en un ciclo de feedback positivo y continuo.

Cómo cultivar y amplificar las emociones positivas:

Cultivar y amplificar las emociones positivas en tu vida cotidiana es un proceso continuo e intencional, que involucra diversas prácticas y enfoques:

Prácticas de Gratitud Consciente: Como exploramos en el capítulo anterior, la práctica diaria de la gratitud es una de las formas más eficaces de cultivar y amplificar las emociones positivas. Reserva momentos de tu día para reconocer y apreciar las bendiciones de tu vida, grandes y pequeñas, y siente la emoción de la gratitud llenando tu corazón.

Meditación y Mindfulness: La meditación y el mindfulness son herramientas poderosas para calmar la mente, reducir el estrés y la ansiedad, y abrir espacio para que las emociones positivas florezcan. Practica la meditación regularmente, enfocándote en la respiración, en las sensaciones corporales o en visualizaciones guiadas que evoquen emociones positivas, como amor, compasión y alegría.

Actividades Placenteras e Inspiradoras: Dedica tiempo regularmente a actividades que te traigan placer, alegría e inspiración. Pueden ser hobbies creativos, actividades en la naturaleza, momentos de convivencia con personas queridas, prácticas artísticas, deporte, lectura inspiradora, escuchar música que te eleve, etc. Invierte tiempo y energía en actividades que nutran tu alma y que evoquen emociones positivas en tu ser.

Afirmaciones y Visualizaciones Positivas: Utiliza afirmaciones y visualizaciones positivas para programar tu mente subconsciente con emociones potenciadoras. Combina tus afirmaciones y visualizaciones con la emoción genuina de la alegría, del amor, de la gratitud y del entusiasmo. Siente las emociones positivas llenando tu ser mientras repites las afirmaciones y visualizas la realidad deseada.

Rodéate de Positividad: Cultiva relaciones positivas con personas que te apoyan, te inspiran y te elevan. Busca la compañía de personas que irradian alegría, optimismo y entusiasmo por la vida. Reduce o elimina el contacto con personas negativas, tóxicas o pesimistas, que drenan tu energía y minan tus emociones positivas. Crea un ambiente positivo a tu alrededor, rodeándote de belleza, armonía, colores alegres, música inspiradora, y estímulos sensoriales que evoquen emociones positivas.

Practica la Autocompasión y el Autoamor: Trátate con gentileza, compasión y amor incondicional. Perdónate por tus errores, acepta tus imperfecciones, celebra tus cualidades y logros. Cultiva un diálogo interno positivo y alentador, y nutre tu autoestima y tu autoconfianza. El amor propio es la base para que todas las demás emociones positivas florezcan en tu vida.

Acto de Bondad Diario: Practica actos de bondad y generosidad hacia los demás diariamente. Ayudar a otros, hacer sonreír a alguien, ofrecer un gesto de cariño, practicar la compasión y la empatía, son formas poderosas de generar emociones positivas en ti y en los demás, creando un ciclo virtuoso de bondad y alegría.

Integrando las emociones positivas en tu cocreación:

Para integrar el poder de las emociones positivas en tu práctica de cocreación consciente, experimenta las siguientes estrategias prácticas:

Comienza cada día con gratitud y alegría: Al despertar, antes de comenzar tu día, reserva algunos minutos para sentir gratitud por las bendiciones de tu vida y para evocar emociones de alegría y entusiasmo para el día que se inicia. Esta práctica matinal define el tono emocional para todo el día y prepara tu mente y tu corazón para atraer experiencias positivas.

Visualiza y afirma con emoción: Al practicar la visualización y las afirmaciones, involucra conscientemente tus emociones positivas. Siente la alegría, la gratitud, el entusiasmo, el amor, la confianza, mientras visualizas la realidad deseada y repites tus afirmaciones. Deja que las emociones amplifiquen el poder de tu proyección mental y tu intención de manifestación.

Usa la emoción como una guía: Presta atención a tus emociones a lo largo del día como un guía indicador de tu alineación con tu cocreación consciente. Emociones positivas indican que estás vibrando en la frecuencia de la realidad deseada y atrayendo experiencias positivas. Emociones negativas señalan una desalineación y una invitación para reorientar tus pensamientos, creencias e intenciones, y para cultivar emociones más positivas.

Celebra las pequeñas victorias y los progresos: A lo largo del proceso de cocreación, celebra las pequeñas victorias, los progresos incrementales y las sincronicidades que surgen en tu vida como señales de que tu proyección está funcionando y de que la realidad deseada está en camino de manifestarse. La celebración fortalece tu fe, aumenta tu motivación y amplifica tus emociones positivas, acelerando aún más el proceso de cocreación.

El poder de las emociones positivas es una fuerza transformadora en la cocreación consciente. Al cultivar y amplificar las emociones positivas en tu vida cotidiana, elevas tu vibración energética, fortaleces tu creencia, diriges tu foco, aumentas tu energía y creas un campo de atracción magnético para la realidad deseada. Comienza hoy mismo a integrar el poder de las emociones positivas en tu práctica de cocreación, y prepárate para testimoniar una amplificación extraordinaria de tu capacidad de manifestar la vida de tus sueños, ¡con alegría, fluidez y abundancia!

Capítulo 16
Superando la Resistencia

El camino de la cocreación consciente exige más que conocimiento e intención; demanda la superación de las barreras internas que surgen inevitablemente a lo largo del trayecto. Enfrentar la resistencia no significa fracaso, sino una invitación al crecimiento y a la transformación. Es en este punto donde se revela la verdadera fuerza del cocreador: al reconocer y comprender los desafíos internos, se hace posible disolver las limitaciones impuestas por creencias arraigadas, miedos y patrones condicionados. Así, cada obstáculo se transforma en un peldaño para la evolución, fortaleciendo la conexión con el propio poder creativo y conduciendo a una manifestación más alineada y consciente de la realidad deseada.

La resistencia en la cocreación consciente se manifiesta de diversas formas, como dudas, miedos, creencias limitantes persistentes, autosabotaje inconsciente, falta de paciencia, desánimo o la sensación de que "no está funcionando". Esta resistencia no es una señal de fallo o de que la cocreación consciente no es real, sino un proceso natural de crecimiento y transformación. La resistencia es como la fricción que sentimos al mover un objeto pesado: exige más esfuerzo, pero también fortalece nuestros músculos y aumenta nuestra capacidad de superación.

La resistencia surge porque la cocreación consciente implica un cambio profundo de paradigma, una transformación de nuestra forma de pensar, de sentir y de actuar en el mundo. Estamos desaprendiendo patrones de pensamiento y comportamiento condicionados por el miedo, la limitación y la pasividad, y reaprendiendo a vivir desde un lugar de poder, de intención y de consciencia. Esta transición no siempre es fácil o inmediata, y es natural encontrar resistencia a lo largo del camino.

Es fundamental comprender la naturaleza de la resistencia para poder superarla de forma eficaz. La resistencia puede tener diversos orígenes:

Creencias limitantes profundamente arraigadas: Incluso después del trabajo de liberación de creencias limitantes que exploramos en el Capítulo 10, algunas creencias negativas pueden permanecer arraigadas en el subconsciente, ejerciendo una influencia sutil pero persistente en nuestra proyección mental. Estas creencias pueden generar dudas, miedos y autosabotaje inconsciente, minando nuestros esfuerzos de cocreación consciente.

Programación pasada y Conciencia Colectiva: Hemos sido condicionados desde la infancia a creer en una realidad limitada, basada en la escasez, la lucha y la impotencia. La influencia de la Conciencia Colectiva, con sus creencias dominantes y limitantes, también puede generar resistencia al cambio hacia una realidad de abundancia, facilidad y poder personal.

Miedo al cambio y a lo desconocido: La cocreación consciente nos invita a salir de nuestra zona de confort, a abandonar lo familiar y lo conocido, y a aventurarnos en un territorio nuevo y desconocido, donde somos los autores de nuestra propia realidad. Este proceso puede generar miedo, ansiedad e inseguridad, especialmente al principio, cuando los resultados de la cocreación consciente aún no son totalmente visibles.

Falta de paciencia y expectativas irreales: La manifestación de la realidad deseada a través de la cocreación consciente no siempre ocurre de forma instantánea o inmediata. Requiere tiempo, persistencia, práctica y, sobre todo, paciencia. La falta de paciencia y las expectativas irreales de resultados rápidos pueden llevar al desánimo, a la frustración y al abandono prematuro de la práctica de la cocreación consciente.

Pruebas del Universo y desafíos de crecimiento: A veces, los desafíos y los obstáculos que encontramos en el camino de la cocreación consciente pueden ser pruebas del universo para evaluar nuestra determinación, nuestra fe y nuestro alineamiento con nuestra intención. Estos desafíos también pueden ser oportunidades de crecimiento personal, de desarrollo de resiliencia, de superación de limitaciones y de expansión de nuestra consciencia.

Estrategias para superar la resistencia y navegar por los desafíos:

Superar la resistencia y navegar por los desafíos de la cocreación consciente requiere consciencia, estrategia, perseverancia y, sobre todo, autocompasión. Aquí hay algunas estrategias prácticas y eficaces:

Reconoce y acepta la resistencia como natural: El primer paso es reconocer y aceptar la resistencia como una parte normal y natural del proceso de cocreación consciente. No te critiques ni te juzgues por sentir resistencia. En lugar de eso, ve la resistencia como una señal de que estás desafiando tus límites, expandiendo tu consciencia y creciendo más allá de tu zona de confort. La resistencia es un indicador de que estás en el camino correcto, transformando tu realidad.

Identifica el origen de la resistencia: Procura identificar las causas subyacentes de tu resistencia. Pregúntate: "¿Cuál es el miedo o la duda que está detrás de esta resistencia? ¿Qué creencia limitante se está activando? ¿Qué patrón de pensamiento negativo está saboteando mi proyección?". Al comprender el origen de la resistencia, puedes abordarla de forma más consciente y eficaz.

Reafirma tu compromiso con la cocreación consciente: Cuando la resistencia surja, refuerza tu compromiso con la cocreación consciente, recordándote tus deseos auténticos, tus valores más profundos y tu propósito de vida. Relee tus intenciones escritas, revisa tus visualizaciones, repite tus afirmaciones, y reconéctate con tu motivación inicial para embarcarte en este viaje transformador. Reafirma tu poder de Proyector Interior y tu determinación de cocrear la realidad de tus sueños.

Transforma las creencias limitantes persistentes: Si identificas creencias limitantes persistentes detrás de tu resistencia, refuerza el trabajo de liberación de creencias limitantes que exploramos en el Capítulo 10.

Utiliza las técnicas de cuestionamiento lógico, reinterpretación de la experiencia, búsqueda de excepciones y sustitución por creencias potenciadoras para desmantelar y transformar estas creencias negativas. La persistencia en la transformación de creencias limitantes es fundamental para superar la resistencia y abrir camino a la manifestación.

Cultiva la paciencia y la persistencia: Recuerda que la cocreación consciente es un proceso gradual, no un evento instantáneo. Cultiva la paciencia contigo mismo y con el ritmo del universo. Confía en que la realidad deseada se está manifestando en el tiempo perfecto y de la forma más apropiada. Persiste en tu práctica de visualización, afirmaciones, gratitud y emociones positivas, incluso cuando los resultados no son inmediatamente visibles. La persistencia es la clave para romper la resistencia y cosechar los frutos de la cocreación consciente.

Celebra los pequeños progresos y las sincronicidades: En lugar de enfocarte en aquello que aún no se ha manifestado, celebra los pequeños progresos, las sincronicidades y las pequeñas victorias que surgen a lo largo del camino. Reconoce y aprecia cada señal de que tu proyección está funcionando, cada "coincidencia" significativa, cada oportunidad inesperada, cada pequeña mejora en tu realidad. La celebración fortalece tu fe, aumenta tu motivación y amplifica las emociones positivas, creando un ciclo virtuoso de manifestación.

Busca apoyo e inspiración: Cuando te sientas desanimado o sobrecargado por la resistencia, busca apoyo e inspiración en fuentes externas. Conversa con amigos o mentores que comprenden el viaje de la cocreación consciente, participa en grupos de apoyo online o presenciales, lee libros inspiradores, escucha podcasts motivacionales, mira videos edificantes. El apoyo y la inspiración externa pueden darte el impulso extra de energía y motivación para superar la resistencia y continuar avanzando.

Reformula los desafíos como oportunidades de crecimiento: En lugar de ver los desafíos y los obstáculos como señales de fracaso o de que la cocreación consciente "no funciona", refórmalos como oportunidades de crecimiento personal y de fortalecimiento de tu capacidad de cocreación. Pregúntate: "¿Qué puedo aprender de este desafío? ¿Cómo puedo utilizar esta situación para expandir mi consciencia y fortalecer mi fe? ¿Qué nuevas cualidades y capacidades puedo desarrollar al superar este obstáculo?". La reformulación de los desafíos transforma la resistencia en un trampolín para tu crecimiento y para la manifestación de tu realidad deseada.

Practica la autocompasión y la amabilidad contigo mismo: Sé amable y compasivo contigo mismo al navegar por la resistencia y los desafíos de la cocreación consciente. No te presiones excesivamente, no te critiques por tus errores o por tus dudas, no te compares con los demás. Trátate con la misma comprensión, paciencia y amor que ofrecerías a un amigo querido que estuviera pasando por un momento difícil. La autocompasión y la amabilidad fortalecen tu resiliencia y tu capacidad de superar la resistencia con ligereza y equilibrio.

La resistencia es una parte inevitable del viaje de la cocreación consciente, pero no necesita ser un obstáculo insuperable. Al comprender la naturaleza de la resistencia, al utilizar estrategias eficaces para superarla, y al cultivar la paciencia, la persistencia y la autocompasión, puedes navegar por los desafíos con confianza y determinación, transformando la resistencia en un trampolín para tu crecimiento personal y para la manifestación de la realidad de tus sueños. Recuerda que la resistencia es una señal de que estás avanzando, expandiendo tu consciencia y cocreando una vida cada vez más alineada con tu potencial ilimitado. Abraza la resistencia como parte del viaje, y continúa danzando con la proyección consciente, ¡superando todos los desafíos con gracia y poder!

Capítulo 17
Fluyendo con el Universo y Liberando el Control

La jornada de la cocreación consciente alcanza un nuevo nivel cuando reconocemos que el verdadero poder no reside solo en dirigir la realidad con intención y enfoque, sino también en permitir que el universo actúe con su inteligencia infinita. El equilibrio entre acción y entrega se revela esencial, pues cuando confiamos en el flujo de la vida y liberamos la necesidad de control, abrimos espacio para que las manifestaciones ocurran de la manera más elevada y armoniosa. Este proceso no significa pasividad, sino una colaboración activa y consciente con fuerzas mayores, donde la sintonía entre deseo y confianza posibilita una creación más fluida, natural y expansiva.

La cocreación consciente no se trata solo de imponer nuestra voluntad al universo, moldeando la realidad a nuestra imagen y semejanza. Se trata también de colaborar con la inteligencia infinita del universo, confiar en el flujo de la vida y permitir que la sabiduría divina nos guíe más allá de nuestros planes limitados. Se trata de encontrar el equilibrio perfecto entre la intención enfocada y la entrega confiada, entre el esfuerzo consciente y el soltar con gracia.

La necesidad de control es una ilusión de la mente egoica, un intento de agarrar y manipular la realidad para sentirnos seguros y protegidos. El control excesivo, paradójicamente, genera resistencia, tensión y ansiedad, bloqueando el flujo natural de la abundancia y la alegría. Cuando intentamos controlar cada detalle del proceso de manifestación, nos cerramos a la espontaneidad, a la creatividad y a las sorpresas maravillosas que el universo tiene para ofrecernos.

La verdadera cocreación consciente florece cuando aprendemos a danzar con la entrega, cuando confiamos en que el universo está conspirando a nuestro favor, incluso cuando el camino por delante no es claro o cuando los resultados no corresponden exactamente a nuestras expectativas iniciales. La entrega no es pasividad o resignación, sino un estado de receptividad activa, de confianza profunda y de apertura al flujo de la vida. Es la sabiduría de plantar las semillas de la intención con enfoque y claridad, y luego dejar que el universo las nutra y las haga florecer en el tiempo perfecto y de la forma más apropiada.

Los Paradoxos de la Intención y la Entrega:

Puede parecer paradójico hablar de intención enfocada y entrega confiada en la misma frase. ¿No son conceptos opuestos? ¿Cómo es posible ser simultáneamente intencional y entregado? Es precisamente en esta paradoja donde reside la clave de la maestría de la cocreación consciente.

La intención es la brújula que dirige nuestra energía creativa, el faro que ilumina el camino de la manifestación, la semilla que plantamos con claridad y propósito. La entrega es el agua que nutre la semilla, el sol que la calienta, la tierra que la sostiene, el viento que esparce sus pétalos, permitiendo que crezca y florezca de forma natural y orgánica, más allá de nuestro control limitado.

La intención sin entrega puede convertirse en rigidez, obsesión y control excesivo, generando tensión, ansiedad y resistencia. La entrega sin intención puede convertirse en pasividad, inercia y falta de dirección, resultando en frustración, desánimo y falta de realización. La danza de la cocreación consciente es encontrar el equilibrio dinámico entre estos dos polos, integrando la fuerza de la intención enfocada con la ligereza de la entrega confiada.

Principios de la Danza de la Entrega:

Para danzar con la entrega en la cocreación consciente, podemos cultivar algunos principios clave:

Confianza en el Universo y en la Inteligencia Infinita: El principio fundamental de la entrega es la confianza profunda en el universo, en la inteligencia infinita que gobierna la creación, en la sabiduría divina que guía el flujo de la vida. Confía en que el universo es benevolente, abundante y siempre está conspirando a tu favor, incluso cuando las apariencias indiquen lo contrario. Confía en que existe un plan mayor en acción, más allá de tu comprensión limitada, y que ese plan está trabajando para tu bien mayor, incluso cuando el camino se vuelve sinuoso o desafiante.

Liberación del Control Excesivo y del Apego al Resultado: Aprende a liberar el control excesivo sobre el proceso de manifestación y el apego obsesivo al resultado específico. Define tus intenciones con claridad y enfoque, visualiza la realidad deseada con emoción y convicción, repite tus afirmaciones con fe y persistencia, pero luego entrega el resultado al universo, confiando en que se manifestará en el tiempo perfecto y de la forma más apropiada. Desapégate de la necesidad de controlar cómo, cuándo y dónde se manifestará tu intención, y ábrete a la posibilidad de que el universo te sorprenda con soluciones y caminos aún mejores de los que podrías imaginar.

Aceptación del Presente Momento y del Flujo de la Vida: La entrega implica aceptar el presente momento tal como es, sin resistencia, sin juicio, sin lamentaciones sobre el pasado o ansiedad sobre el futuro. Acepta las circunstancias actuales como un punto de partida, como un escalón en tu jornada de cocreación consciente, y confía en que el universo te está guiando hacia el próximo paso en el camino de la manifestación. Fluye con el ritmo natural de la vida, con sus altibajos, con sus ciclos de creación y destrucción, con su danza constante de cambio y transformación.

Escuchar la Intuición y Seguir la Orientación Interior: La entrega abre espacio para escuchar tu intuición y seguir la orientación interior que el universo te envía a través de señales, sincronicidades, sueños, *insights* e inspiraciones. Estate atento a los susurros de tu alma, a los mensajes de tu corazón, a los impulsos creativos que surgen espontáneamente en tu mente. Confía en tu sabiduría interior y sigue la orientación divina que te guía hacia el camino de la manifestación más alineado con tu propósito y con tu bien mayor.

Gratitud por el Proceso y no Solo por el Resultado: Cultiva la gratitud no solo por el resultado final de la manifestación, sino también por el proceso en sí. Aprecia cada paso del camino, cada desafío superado, cada aprendizaje adquirido, cada pequeña victoria celebrada. Reconoce la belleza y la magia de cada momento presente, incluso cuando el camino parece incierto o difícil. La gratitud por el proceso fortalece tu fe, alimenta tu perseverancia y hace que la jornada de la cocreación consciente sea más placentera y significativa.

Entrega al Flujo Divino y a la Voluntad Superior: La entrega más profunda implica rendirse al flujo divino, a la voluntad superior de la Conciencia Única, reconociendo que eres solo un instrumento en la danza cósmica de la creación. Entrega tus deseos e intenciones a una fuerza mayor que tú, confiando en que la sabiduría divina te guiará más allá de tus planes limitados, hacia un destino más elevado y más pleno de significado del que podrías imaginar. Esta entrega no es una abdicación de tu poder personal, sino su expresión más elevada, la colaboración consciente con la inteligencia infinita del universo para la manifestación del bien mayor para ti y para toda la creación.

Practicando la Entrega en la Cocreación Consciente:

Para integrar la danza de la entrega en tu práctica de cocreación consciente, experimenta las siguientes sugerencias prácticas:

Meditación de la Entrega: Reserva momentos diarios para la meditación de la entrega. Siéntate en silencio, respira profundamente e imagínate entregando tus deseos e intenciones al universo, como si estuvieras depositando semillas en un jardín fértil y confiando en que florecerán en el tiempo perfecto. Visualízate liberando el control, soltando el apego al resultado y abriéndote a la sabiduría y a la orientación divina. Siente la paz, la confianza y la serenidad de la entrega llenando tu ser.

Afirmaciones de Entrega: Incorpora afirmaciones de entrega en tu práctica diaria. Ejemplos de afirmaciones de entrega: "Confío en el flujo del universo y entrego mis deseos a la sabiduría divina", "Libero el control y permito que el universo manifieste mis sueños de la mejor forma posible", "Confío en la orientación de mi intuición y sigo el flujo de la vida con serenidad y confianza", "Acepto el presente momento con gratitud y me abro a las sorpresas maravillosas que el universo tiene para mí". Repite estas afirmaciones con convicción y fe, para reprogramar tu mente subconsciente con la actitud de la entrega.

Visualización de la Entrega: Combina tu práctica de visualización con la imagen de la entrega. Visualízate entregando tus deseos e intenciones al universo como si estuvieras lanzando un barco de papel en un río caudaloso y confiando en que navegará con seguridad hasta su destino final. Visualízate abriendo las manos, soltando el control y permitiendo que la corriente de la vida te guíe más allá de tus expectativas limitadas. Siente la ligereza, la libertad y la confianza de la entrega envolviendo tu ser.

Acciones Inspiradas y Desapego del Resultado: Al actuar en dirección a tus objetivos, procura seguir tu intuición y tus impulsos inspirados, en lugar de intentar controlar cada paso del camino de forma rígida y planeada. Da lo mejor de ti en cada acción, con enfoque y dedicación, pero desapégate del resultado específico. Confía en que el universo coordinará los eventos, las personas y las circunstancias de forma que se alineen con tu intención, incluso si el resultado final es diferente de lo que inicialmente imaginaste. Estate abierto a las sorpresas y a los giros del destino, y confía en que todo está sucediendo para tu bien mayor.

Aceptación de los "Desvíos" y "Retrasos" como parte del Plan Divino: Cuando el camino de la manifestación se vuelve sinuoso, cuando surgen "desvíos" o "retrasos" aparentemente indeseados, procura aceptar estas situaciones como parte del plan divino, como oportunidades de aprendizaje, crecimiento y realineamiento con tu intención original. En lugar de resistir o lamentar los "desvíos", procura aprender de ellos, adaptarte a las nuevas circunstancias y confiar en que el universo te está guiando hacia un destino aún mejor del que inicialmente planeaste. Muchas veces, los "desvíos" y "retrasos" son desvíos aparentes que nos llevan a un camino aún más alineado con nuestro propósito y con nuestra felicidad.

La danza de la entrega es el arte de armonizar la intención enfocada con la confianza inquebrantable en el universo. Es la sabiduría de plantar las semillas de tus deseos con claridad y propósito, y luego dejar que el universo las nutra y las haga florecer en el tiempo perfecto y de la forma más apropiada. Al aprender a danzar con la entrega, te liberas del peso del control excesivo, te abres a la magia de la sincronicidad y permites que la abundancia, la alegría y la realización fluyan libremente hacia tu vida. ¡Comienza hoy mismo a practicar la danza de la entrega, y descubre la ligereza, la fluidez y la belleza de cocrear tu realidad en armonía con el universo!

Capítulo 18
Cocreadción Consciente en Movimiento

La cocreación consciente cobra vida cuando unimos intención y acción, permitiendo que nuestros deseos se transformen en realidad a través de movimientos alineados con nuestra esencia. No basta solo con soñar, visualizar o afirmar; es preciso actuar de manera inspirada, siguiendo los impulsos que nacen de la intuición y de la alineación interior. Cada paso dado con confianza y propósito se convierte en un eslabón entre lo invisible y lo tangible, abriendo camino para oportunidades, sincronicidades y manifestaciones que reflejan la conexión profunda entre nuestra consciencia y el universo en constante flujo.

La cocreación consciente no es solo un proceso interno y mental, que se limita al dominio de los pensamientos, de las creencias y de las emociones. Es también un proceso dinámico y activo, que se manifiesta en el mundo a través de nuestras acciones, de nuestras elecciones y de nuestros comportamientos. La acción inspirada es el puente que liga el mundo interior de la intención y de la proyección al mundo exterior de la realidad manifiesta. Es el movimiento, el flujo, la danza que pone la cocreación consciente en acción, haciéndola tangible y palpable en nuestra vida cotidiana.

La acción inspirada no es una acción cualquiera, mecánica o automática, motivada por el miedo, por la obligación o por la expectativa externa. Es una acción que nace de la intuición, de la alineación con nuestra verdad interior, de la resonancia con nuestro propósito de vida, de la orientación divina que recibimos a través de nuestra consciencia expandida. La acción inspirada es leve, fluida, natural, espontánea, y cargada de entusiasmo, alegría y pasión. Es una acción que nos impulsa hacia adelante con confianza, que nos guía hacia las oportunidades correctas, que nos alinea con las personas y las circunstancias que se armonizan con nuestra intención.

Si los pensamientos y creencias son el lenguaje, la visualización la gramática, las afirmaciones la voz, la gratitud el combustible, las emociones positivas la electricidad, y la entrega la danza, entonces la acción inspirada es el cuerpo en movimiento, la expresión física de la cocreación consciente manifestándose en el mundo. Es la materialización de la intención, la concretización de la visión, la traducción de los sueños en realidad palpable. La acción inspirada es el puente entre lo invisible y lo visible, entre el potencial y la manifestación, entre la consciencia y la experiencia.

Características de la Acción Inspirada:

La acción inspirada se distingue de la acción común por algunas características esenciales:

Nacida de la Intuición y de la Orientación Interior: La acción inspirada no es motivada por la lógica racional, por el cálculo estratégico o por la presión externa, sino por la voz suave y sabia de la intuición, por la orientación interior que surge de nuestro corazón, de nuestra alma, de nuestra conexión con la Consciencia Única. Es una acción que sentimos como "correcta", como "alineada", como "natural", incluso si la mente racional no comprende totalmente el porqué. La acción inspirada surge de un lugar de sabiduría interior que trasciende la mente lógica y lineal.

Levedad, Fluidez y Facilidad: La acción inspirada no es esforzada, tensa o pesada, sino leve, fluida y fácil. Cuando estamos actuando inspirados, sentimos que estamos "fluyendo con la corriente", que el universo está conspirando a nuestro favor, que las puertas se abren espontáneamente, que las sincronicidades se manifiestan naturalmente, que los obstáculos se disuelven con facilidad. La acción inspirada se siente placentera, gratificante y energizante, en vez de exhaustiva, frustrante o desanimadora.

Entusiasmo, Alegría y Pasión: La acción inspirada es motivada por la pasión, por el entusiasmo y por la alegría. Es una acción que nos hace sentir vivos, entusiasmados y realizados. Cuando estamos actuando inspirados, sentimos un fuego interior impulsándonos hacia adelante, una energía vibrante que nos mueve con confianza y determinación. La acción inspirada se siente entusiasmante, motivadora e inspiradora, tanto para nosotros como para los otros que son tocados por nuestra acción.

Alineamiento con el Propósito y los Valores: La acción inspirada está alineada con nuestro propósito de vida y con nuestros valores más profundos. Es una acción que contribuye para nuestra realización personal, para nuestro crecimiento espiritual, y para el bien mayor de todos los involucrados. La acción inspirada se siente significativa, valiosa y con propósito, en vez de vacía, superficial o egoísta.

Apertura a la Sincronicidad y a la Magia: La acción inspirada abre espacio para la sincronicidad y para la magia se manifiesten en nuestra vida. Cuando estamos actuando inspirados, el universo responde con señales, coincidencias y eventos aparentemente "milagrosos" que nos guían para el camino de la manifestación, que nos conectan con las personas y las oportunidades correctas, que nos revelan soluciones inesperadas y creativas. La acción inspirada se siente mágica, sorprendente y llena de sincronicidad, como si el universo estuviese danzando con nosotros en perfecta armonía.

Cómo Integrar la Acción Inspirada en la Cocreación Consciente:

Integrar la acción inspirada en su práctica de cocreación consciente es un proceso continuo de escucha interior, de alineamiento con la intuición, y de respuesta espontánea a los impulsos divinos. Aquí están algunas estrategias prácticas para cultivar y seguir la acción inspirada:

Cultivar la Escucha Interior y la Intuición: El primer paso para la acción inspirada es desarrollar la capacidad de escuchar la voz de su intuición y de confiar en su orientación interior. Reserve momentos diarios para silenciar la mente racional, para calmar el ruido externo, y para conectarse con la sabiduría de su corazón, a través de la meditación, del mindfulness, de la contemplación en la naturaleza, u de otras prácticas de introspección. Aprenda a distinguir la voz de la intuición de los ruidos de la mente egoica, como el miedo, la duda, la ansiedad o el juicio. La intuición generalmente se manifiesta como una sensación de certeza interior, un conocimiento silencioso, un impulso espontáneo, una idea creativa, o una sensación de resonancia en el cuerpo.

Pedir Orientación y Estar Receptivo a las Señales: Antes de tomar una decisión o de actuar en una determinada dirección, pida orientación al universo, a su intuición, a su consciencia superior. Formule su pregunta con claridad y apertura, y esté receptivo a las señales y a las respuestas que surgen de diversas formas: a través de sueños, sincronicidades, conversaciones, libros, mensajes, sentimientos, o insights espontáneos. Confíe que el universo le guiará para el camino correcto, si usted está dispuesto a escuchar y a seguir la orientación divina.

Actuar en el Momento Presente y con Espontaneidad: La acción inspirada surge en el momento presente, de la respuesta espontánea al flujo de la vida, de la sintonía con el ritmo del universo. Evite planear excesivamente, controlar cada detalle, o adiar la acción para el futuro. Cuando sienta un impulso claro y positivo para actuar en una determinada dirección, avance con confianza y espontaneidad, sin hesitación, sin procrastinación, sin analizar excesivamente las consecuencias. La acción inspirada es ágil, inmediata, y alineada con el flujo del momento presente.

Seguir el Entusiasmo y la Alegría como Guías: El entusiasmo y la alegría son señales indicadoras de que usted está en el camino de la acción inspirada. Preste atención a las actividades, a las personas, a las oportunidades que lo hacen sentir entusiasmado, alegre y apasionado. Siga su entusiasmo como una guía, confíe en su alegría como una brújula, e invierta su tiempo y su energía en las áreas de su vida que resuenan con su pasión interior. La acción inspirada se siente gratificante, energizante y llena de vitalidad.

Confiar en el Flujo y Desapegarse del Resultado: Al actuar inspirado, confíe en el flujo del universo y desapéguese del resultado específico. Dé su mejor en cada acción, con dedicación y excelencia, pero libere la necesidad de controlar el desenlace final. Confíe que el universo coordinará los eventos y las circunstancias de forma a alinearse con su intención más elevada, incluso si el resultado es diferente de lo que usted inicialmente esperaba. La acción inspirada es entregada al flujo divino, confiante de que el universo proporcionará el mejor resultado posible, en el tiempo perfecto y de la forma más apropiada.

Observar las Señales y las Sincronicidades: Después de actuar inspirado, esté atento a las señales y a las sincronicidades que surgen en su vida como feedback del universo. Observe las "coincidencias" significativas, las oportunidades inesperadas, los mensajes que resuenan con usted, las puertas que se abren espontáneamente. Estas señales son validaciones del universo de que usted está en el camino correcto, de que su acción está alineada con el flujo de la creación, de que la manifestación está desarrollándose de forma armoniosa y mágica. La sincronicidad es el lenguaje del universo comunicándose con nosotros, guiándonos y apoyándonos en nuestra jornada de cocreación consciente.

Integrando la Acción Inspirada en la Práctica Diaria:

Para comenzar a integrar la acción inspirada en su práctica diaria de cocreación consciente, experimente los siguientes ejercicios prácticos:

Meditación de la Acción Inspirada: Reserve momentos diarios para la meditación de la acción inspirada. Siéntese en silencio, respire profundo y visualícese recibiendo orientación intuitiva sobre las acciones inspiradas que puede realizar en su día a día. Pregúntese: "¿Cuáles son las acciones inspiradas que puedo tomar hoy para aproximarme a mis objetivos y a mi propósito de vida? ¿Qué pasos puedo dar que sean leves, fluidos y alineados con mi alegría y entusiasmo?". Esté receptivo a las respuestas que surgen en su mente, en su corazón, y en su cuerpo, y anote las ideas y los impulsos que reciba.

Diario de la Acción Inspirada: Mantenga un diario de la acción inspirada. Al final de cada día, reflexione sobre las acciones que realizó a lo largo del día e identifique aquellas que fueron verdaderamente inspiradas, que surgieron de la intuición, del entusiasmo y de la espontaneidad, y que trajeron resultados positivos y sincronicidades para su vida. Anote las características de la acción inspirada, las emociones que sintió al actuar, los resultados que obtuvo, y las señales de validación del universo que testimoniaron. Este diario le ayudará a refinar su capacidad de reconocer y seguir la acción inspirada.

Desafío de la Acción Inspirada Semanal: Defina un desafío de la acción inspirada semanal. Escoja un área de su vida donde desea manifestar un cambio positivo, y comprométase a realizar por lo menos una acción inspirada por día en esa área, durante una semana. Pueden ser acciones pequeñas o grandes, simples o complejas, lo importante es que sean acciones que nazcan de la intuición, del entusiasmo y del alineamiento con su verdad interior. Observe los resultados y las sincronicidades que surgen a lo largo de la semana y celebre el poder de la acción inspirada en su vida.

Socio de Responsabilidad de la Acción Inspirada: Encuentre un socio de responsabilidad que también esté practicando la cocreación consciente y a integrar la acción inspirada en su vida. Compartan sus experiencias, sus desafíos, sus conquistas y sus aprendizajes. Incentívense mutuamente a seguir la acción inspirada, a superar la resistencia, y a celebrar los progresos. El apoyo y el compartir con un socio de responsabilidad pueden fortalecer su motivación y su perseverancia en la jornada de la cocreación consciente en movimiento.

La acción inspirada es la esencia de la cocreación consciente en movimiento. Al integrar la acción inspirada en su práctica diaria, usted transforma su proyección mental en realidad tangible, manifestando sus deseos y sueños en el mundo de forma fluida, espontánea y mágica. Comience hoy mismo a cultivar la escucha interior, a seguir su intuición, a actuar inspirado por el entusiasmo y por la alegría, y a danzar con la corriente de la vida en dirección a la realidad que usted anhela cocrear. ¡Deje que la acción inspirada sea el cuerpo en movimiento de su cocreación consciente, y prepárese para vivir una vida plena de propósito, pasión y manifestación abundante!

Capítulo 19
Cocriando Relaciones

Las relaciones son reflejos vivos de nuestra energía, espejando de vuelta aquello que proyectamos consciente o inconscientemente. Cada interacción es una oportunidad de crear conexiones más auténticas y armoniosas, transformando los vínculos en fuentes de crecimiento y realización mutua. Al traer consciencia a la forma en que nos relacionamos, podemos intencionalmente cultivar amor, respeto y comprensión, moldeando nuestras experiencias interpersonales de manera más ligera y significativa. Así, nos convertimos en cocreadores activos de relaciones que nutren, inspiran y elevan nuestra jornada.

Las relaciones son el teatro de nuestra experiencia humana, el escenario donde se desarrolla gran parte de nuestra jornada de vida, donde aprendemos, crecemos, amamos, sufrimos y evolucionamos. Las relaciones pueden ser fuentes de profunda alegría, apoyo, conexión y realización, pero también pueden ser escenarios de conflicto, dolor, frustración y desentendimiento. La calidad de nuestras relaciones influencia profundamente nuestro bienestar, nuestra felicidad y nuestra capacidad de cocrear una vida plena y significativa.

La buena noticia es que los principios de la cocreación consciente se aplican también a las relaciones. Así como cocreamos nuestra realidad individual a través de nuestros pensamientos, creencias, intenciones y emociones, también cocreamos la dinámica y la calidad de nuestras relaciones a través de nuestras proyecciones mentales, de nuestras expectativas, de nuestras actitudes y de nuestros comportamientos. Al comprender los mecanismos de la cocreación consciente en las relaciones, podemos convertirnos en cocreadores más hábiles y conscientes de interacciones armoniosas, amorosas y enriquecedoras.

La Proyección en las Relaciones: El Efecto Espejo

En las relaciones, el principio de la proyección se manifiesta de forma particularmente evidente a través del "efecto espejo". Lo que proyectamos para nuestras relaciones, consciente o inconscientemente, tiende a reflejarse de vuelta hacia nosotros a través del comportamiento, de las actitudes y de las reacciones de las otras personas. Si proyectamos amor, confianza, respeto y comprensión, es más probable que recibamos de vuelta amor, confianza, respeto y comprensión. Si, por otro lado, proyectamos miedo, desconfianza, juicio y crítica, es más probable que recibamos de vuelta miedo, desconfianza, juicio y crítica.

Este efecto espejo no significa que somos totalmente responsables por el comportamiento de los otros, o que podemos controlar sus acciones. Cada individuo tiene su libre albedrío y su propia jornada de vida. Sin embargo, lo que proyectamos para las relaciones crea un campo energético, una atmósfera emocional, que influencia la dinámica de la interacción y que atrae hacia nosotros experiencias correspondientes. Es como un ciclo de feedback: nuestra proyección influencia el comportamiento del otro, que a su vez refuerza nuestra proyección inicial, creando un patrón relacional que se autoperpetúa.

Principios para Cocrear Relaciones Armoniosas:

Para cocrear relaciones más armoniosas, amorosas y enriquecedoras, podemos aplicar los siguientes principios de la cocreación consciente:

Claridad de la Intención Relacional:

Así como definimos intenciones claras para las áreas de nuestra vida que deseamos manifestar, también podemos definir intenciones claras para nuestras relaciones. Pregúntate: "¿Qué tipo de relaciones deseo cocrear en mi vida? ¿Qué cualidades valoro en una relación? ¿Cómo deseo sentirme y ser tratado en mis relaciones? ¿Qué tipo de energía deseo irradiar para mis relaciones?". Define intenciones claras y específicas para tus relaciones, enfocando en las cualidades de armonía, amor, conexión, comprensión, respeto, apoyo, crecimiento mutuo y alegría compartida.

Proyectar Amor Incondicional y Aceptación:

La base de relaciones armoniosas es el amor incondicional y la aceptación. Procura proyectar amor incondicional y aceptación para las personas que forman parte de tu vida, reconociendo su perfección inherente, sus cualidades únicas y su potencial ilimitado, incluso más allá de sus imperfecciones y limitaciones humanas.

Envía pensamientos de amor, compasión y bondad para las personas con quienes te relacionas, visualizándolas felices, saludables y realizadas. Tu proyección de amor incondicional crea un campo energético de aceptación y apertura, que invita a los otros a responder de la misma forma.

Cultivar la Empatía y la Comprensión:

La armonía en las relaciones florece con la empatía y la comprensión mutua. Procura colocarte en el lugar del otro, intentar comprender su perspectiva, sus sentimientos, sus necesidades y sus motivos, incluso cuando discordas de su punto de vista o no comprendes sus acciones. Practica la escucha activa, escuchando con atención y presencia lo que el otro tiene para decir, sin juicio o interrupción. La empatía y la comprensión crean puentes de conexión y compasión, disolviendo barreras y conflictos.

Comunicar con Claridad, Honestidad y Gentileza:

La comunicación es la espina dorsal de cualquier relación saludable y armoniosa. Procura comunicarte con claridad, honestidad y gentileza en todas tus interacciones. Expresa tus pensamientos, sentimientos y necesidades de forma asertiva, pero respetuosa, sin agresividad o pasividad. Evita juicios, críticas y acusaciones, y procura enfocarte en la expresión de tus sentimientos ("Yo siento…") y en tus necesidades ("Yo necesito de…") en vez de culpar o atacar al otro. La comunicación clara, honesta y gentil construye confianza, comprensión e intimidad en las relaciones.

Enfocarse en los Puntos Fuertes y en las Cualidades Positivas:

En vez de enfocarte en los defectos, en las fallas o en los comportamientos negativos de las personas con quienes te relacionas, procura direccionar tu foco para sus puntos fuertes, para sus cualidades positivas y para su potencial. Reconoce y aprecia las virtudes, los talentos y las contribuciones positivas de las personas que forman parte de tu vida, y expresa tu reconocimiento y tu gratitud por ellas. Tu foco en los aspectos positivos fortalece las cualidades positivas en los otros, y crea un ciclo virtuoso de apreciación y valoración mutua.

Perdonar y Liberar Resentimientos:

En todas las relaciones, surgen inevitablemente momentos de desentendimiento, conflicto y dolor. La clave para mantener la armonía a largo plazo es la capacidad de perdonar y liberar resentimientos. El resentimiento y el rencor envenenan las relaciones, corroen la conexión y bloquean el flujo del amor. Practica el perdón consciente, liberándote de la necesidad de tener razón, de vengarse o de castigar al otro. Perdona no solo al otro, sino también a ti mismo, por tus propias fallas e imperfecciones. El perdón libera el pasado, abre espacio para el presente y construye un futuro relacional más ligero y armonioso.

Cultivar la Gratitud en las Relaciones:

La gratitud es un ingrediente mágico para fortalecer y nutrir las relaciones. Practica la gratitud consciente en tus relaciones, expresando tu aprecio y reconocimiento por las personas que forman parte de tu vida, por sus cualidades, por sus acciones, por sus contribuciones y por su presencia en tu jornada. Di "gracias" con sinceridad, envía mensajes de aprecio, escribe cartas de gratitud, ofrece pequeños gestos de reconocimiento. La gratitud en las relaciones nutre el amor, fortalece la conexión y atrae más motivos para agradecer en la dinámica relacional.

Prácticas para Cocrear Relaciones Armoniosas:

Para integrar los principios de la cocreación consciente en tus relaciones, experimenta las siguientes prácticas:

Meditación del Amor Incondicional y de la Compasión:

Reserva momentos diarios para la meditación del amor incondicional y de la compasión. Siéntate en silencio, respira profundo y direcciona pensamientos de amor, bondad y compasión para las personas que forman parte de tu vida, comenzando por ti mismo, después por tu familia, amigos, colegas, conocidos, extraños, e incluso para las personas con quienes tienes conflictos o dificultades. Visualízalas felices, saludables, realizadas y en paz. Siente la emoción del amor incondicional a llenar tu corazón y a irradiarse para el mundo, creando un campo energético de armonía y bienestar relacional.

Afirmaciones para Relaciones Armoniosas:

Utiliza afirmaciones para fortalecer la proyección de relaciones armoniosas. Ejemplos de afirmaciones: "Yo cocreo relaciones armoniosas, amorosas y significativas", "Yo proyecto amor incondicional y aceptación para todas mis relaciones", "Yo me comunico con claridad, honestidad y gentileza en todas mis interacciones", "Yo cultivo la empatía y la comprensión en mis relaciones", "Yo perdono y libero resentimientos, abriendo espacio para el amor y la armonía", "Yo soy grato/a por todas las relaciones positivas y enriquecedoras de mi vida". Repite estas afirmaciones diariamente, con convicción y emoción positiva, para programar tu mente subconsciente con la intención de cocrear relaciones armoniosas.

Visualización de Interacciones Armoniosas:

Utiliza la visualización creativa para imaginar interacciones armoniosas con las personas que forman parte de tu vida, especialmente aquellas con quienes tienes desafíos o dificultades. Visualízate dialogando con claridad, respeto y comprensión, resolviendo conflictos de forma pacífica y constructiva, compartiendo momentos de alegría, conexión e intimidad. Siente las emociones positivas de armonía, paz y alegría llenando tu interacción visualizada. La visualización de interacciones armoniosas programa tu mente subconsciente con expectativas positivas y te prepara para responder de forma más armoniosa en las interacciones reales.

Práctica de la Empatía Activa:

Desafíate a practicar la empatía activa en todas tus interacciones diarias. Antes de responder o reaccionar en una conversación, haz una pausa consciente y procura colocarte en el lugar del otro. Pregúntate: "¿Cómo será estar en la perspectiva de esta persona? ¿Qué podrá estar sintiendo? ¿Cuáles podrán ser sus necesidades y preocupaciones?". Escucha con atención y presencia, procurando comprender más allá de las palabras, la emoción y la intención subyacentes.

Responde con compasión, gentileza y comprensión, procurando construir puentes de conexión y empatía.

Acto de Gratitud Relacional Diario:

Elige un acto de gratitud relacional consciente para practicar todos los días. Puede ser expresar verbalmente tu gratitud a alguien, enviar un mensaje de aprecio, ofrecer un gesto de cariño, hacer un elogio sincero, dedicar tiempo de calidad a alguien querido, etc. Pequeños actos de gratitud relacional nutren las relaciones, fortalecen la conexión e irradian energía positiva para tus interacciones.

Cocrear relaciones armoniosas es un arte que se desarrolla con la consciencia, la intención y la práctica. Al aplicar los principios de la cocreación consciente en tus relaciones, al proyectar amor incondicional, aceptación, comprensión, comunicación clara, foco en los aspectos positivos, perdón y gratitud, puedes transformar la dinámica de tus interacciones y crear relaciones más profundas, significativas y armoniosas. ¡Comienza hoy mismo a cocrear relaciones más amorosas y enriquecedoras, y prepárate para vivir la alegría, la conexión y la armonía que florecen cuando proyectamos lo mejor de nosotros mismos en nuestras interacciones con los otros!

Capítulo 20
Diseñando Realización y Contribución

La realización plena surge cuando alineamos nuestro propósito de vida con nuestras acciones diarias, transformando talentos y pasiones en contribuciones significativas para el mundo. Más que un destino fijo, el propósito es un viaje de descubrimiento y expresión auténtica, moldeado por la intención clara y la acción inspirada. Al abrirnos a esta co-creación consciente, permitimos que oportunidades, conexiones y experiencias fluyan naturalmente, manifestando una trayectoria profesional y personal repleta de significado, abundancia e impacto positivo.

El propósito de vida y la carrera no son solo áreas separadas de nuestra existencia, sino dimensiones interconectadas e interdependientes que influencian profundamente nuestro bienestar, nuestra felicidad y nuestro sentido de realización. Vivir un propósito de vida claro y significativo, y dedicar nuestra energía y talentos a una carrera alineada con este propósito, es fundamental para una vida plena, vibrante y con significado profundo. Cuando nuestra carrera se convierte en una expresión de nuestro propósito de vida, el trabajo deja de ser solo una obligación o un medio de subsistencia, y se transforma en una fuente de pasión, alegría, creatividad, contribución y realización personal.

La buena noticia es que el propósito de vida y la carrera también pueden ser co-creados conscientemente. Así como moldeamos otras áreas de nuestra realidad a través de nuestra proyección mental, también podemos influenciar activamente el descubrimiento de nuestro propósito de vida y la manifestación de una carrera alineada con nuestra esencia. Al aplicar los principios de la co-creación consciente al dominio del propósito y de la carrera, podemos liberar nuestro potencial máximo, vivir una vida con significado profundo y dejar una marca positiva en el mundo.

Desvelando el Propósito de Vida: Un Viaje de Descubrimiento Interior

El propósito de vida no es algo que se "encuentra" como un objeto perdido, o que se "descubre" como una fórmula mágica predefinida. El propósito de vida es algo que se desvela gradualmente, que se revela a lo largo del viaje, que se co-crea conscientemente en alineación con nuestra esencia, con nuestros valores más profundos, con nuestros talentos únicos y con la orientación de nuestra alma. El descubrimiento del propósito de vida es un viaje de autoconocimiento, de introspección, de escucha interior y de respuesta a los llamados de nuestra alma.

El propósito de vida no es necesariamente una gran misión grandiosa o una vocación específica predeterminada. El propósito de vida puede manifestarse de diversas formas: a través de una carrera significativa, de un trabajo voluntario apasionante, de proyectos creativos que nos inspiran, de relaciones profundas que nutren nuestra alma, de un modo de vida que resuena con nuestros valores, o de una combinación única de todas estas dimensiones. Lo importante no es "encontrar" un propósito específico predefinido, sino vivir una vida con significado, con pasión, con alegría y con contribución, expresando nuestra esencia única y nuestro potencial máximo en el mundo.

Principios para Co-crear el Propósito de Vida y Carrera Alineada:

Para co-crear un propósito de vida claro y significativo, y una carrera alineada con nuestra esencia, podemos aplicar los siguientes principios de la co-creación consciente:

Intención Clara para el Propósito y Carrera: Comience por definir intenciones claras y específicas para su propósito de vida y para su carrera. Pregúntese: "¿Cuál es el propósito mayor que deseo vivir en esta vida? ¿Qué tipo de impacto deseo dejar en el mundo? ¿Qué tipo de trabajo me trae alegría, realización y significado? ¿Qué tipo de carrera me permite expresar mis talentos y pasiones? ¿Qué tipo de abundancia deseo atraer a través de mi carrera?". Defina intenciones claras y específicas, enfocándose en aquello que verdaderamente resuena con su alma, con sus valores y con sus deseos más profundos.

Conectarse con la Esencia y los Talentos Únicos: Dedique tiempo a la auto-conexión y a la introspección para desvelar su esencia única, sus talentos naturales, sus pasiones innatas y sus valores más profundos. Pregúntese: "¿Quién soy yo verdaderamente, más allá de los roles sociales y de las expectativas externas? ¿Cuáles son mis talentos y habilidades naturales? ¿Qué me hace sentir vivo, entusiasmado y apasionado? ¿Cuáles son mis valores más importantes y qué es lo que realmente me importa en la vida?". Explore sus pasiones, sus intereses, sus experiencias pasadas, sus sueños y sus aspiraciones más profundas. Cuanto más profundo sea su autoconocimiento, más claro se tornará su propósito de vida y más alineada será su carrera.

Visualizar la Vida y la Carrera Alineadas con el Propósito: Utilice la visualización creativa para imaginar su vida y su carrera alineadas con su propósito de vida. Visualícese viviendo su propósito con pasión, alegría y realización, utilizando sus talentos únicos para contribuir al mundo de forma significativa, experimentando abundancia financiera y reconocimiento profesional, sintiéndose realizado y feliz con su trabajo. Involucre todos sus sentidos y emociones en la visualización, tornando la imagen de su vida y carrera alineadas con el propósito lo más vívida y real posible.

Afirmaciones para el Propósito y Carrera Alineada: Utilice afirmaciones para programar su mente subconsciente con creencias potenciadoras sobre su propósito de vida y su carrera. Ejemplos de afirmaciones: "Yo co-creo un propósito de vida claro y significativo", "Yo vivo mi propósito de vida con pasión, alegría y realización", "Yo manifiesto una carrera alineada con mis talentos y pasiones", "Yo utilizo mis talentos únicos para contribuir al mundo de forma significativa", "Yo atraigo abundancia financiera y reconocimiento profesional a través de mi carrera alineada con el propósito", "Yo soy grato/a por vivir una vida plena de propósito, pasión y realización profesional". Repita estas afirmaciones diariamente, con convicción y emoción positiva, para fortalecer su proyección mental.

Acción Inspirada en Dirección al Propósito y Carrera: Esté atento a los impulsos de la acción inspirada que lo guían en dirección a su propósito de vida y a su carrera alineada. Siga su intuición, explore nuevas áreas de interés, experimente diferentes actividades, converse con personas que lo inspiran, busque oportunidades que resuenen con su pasión. Avance con confianza y entusiasmo en dirección a los caminos que se abren frente a usted, incluso si la dirección final no es totalmente clara al inicio. La acción inspirada es la brújula que lo guía hacia su propósito de vida.

Entrega al Flujo Divino y a la Sabiduría del Universo: Confíe en que el universo está conspirando a su favor para guiarlo en el descubrimiento de su propósito de vida y en la manifestación de su carrera alineada. Entregue sus dudas, sus miedos y sus incertidumbres al universo, confiando en que la sabiduría divina revelará el camino correcto en el tiempo perfecto y de la forma más apropiada. Esté abierto a las sorpresas, a las sincronicidades y a los giros inesperados que puedan surgir a lo largo del viaje. La entrega al flujo divino permite que el universo lo guíe más allá de sus planes limitados, hacia un destino más elevado y más pleno de significado.

Cultivar la Paciencia y la Persistencia en la Jornada: El descubrimiento del propósito de vida y la manifestación de una carrera alineada son procesos graduales y continuos, que requieren tiempo, paciencia, persistencia y auto-compasión. No espere encontrar su propósito "de la noche a la mañana", o manifestar la carrera perfecta instantáneamente. Permítase explorar, experimentar, aprender de los errores, ajustar la ruta, y celebrar cada paso del viaje. Manténgase perseverante en su práctica de co-creación consciente, confíe en el proceso, y celebre los pequeños progresos a lo largo del camino.

Prácticas para Co-crear el Propósito de Vida y Carrera Alineada:

Para integrar los principios de la co-creación consciente en el dominio del propósito de vida y de la carrera, experimente las siguientes prácticas:

Meditación del Descubrimiento del Propósito de Vida: Reserve momentos regulares para la meditación del descubrimiento del propósito de vida. Siéntese en silencio, respire profundo y conéctese con su esencia más profunda. Pregúntele a su corazón: "¿Cuál es mi propósito de vida? ¿Qué vine a hacer aquí? ¿Cómo puedo contribuir al mundo de forma significativa?". Esté receptivo a las respuestas que surgen en su mente, en su corazón, y en su intuición, y anote las ideas, los insights y los sentimientos que reciba.

Ejercicio de la Pasión y de los Talentos: Realice un ejercicio de exploración de sus pasiones y talentos. Haga una lista de todas las actividades, los temas, los intereses, los hobbies que lo hacen sentir entusiasmado, alegre y apasionado. Identifique sus talentos naturales, sus habilidades innatas, las áreas donde se siente más competente y realizado. Busque identificar patrones y conexiones entre sus pasiones y talentos, y reflexione sobre cómo podrá combinarlos para crear un propósito de vida y una carrera alineada con su esencia.

Diario del Viaje del Propósito: Mantenga un diario del viaje del propósito de vida. Anote sus reflexiones, sus insights, sus inspiraciones, sus progresos, sus desafíos y sus aprendizajes a lo largo del viaje de descubrimiento del propósito y de la co-creación de la carrera. Este diario le ayudará a acompañar su evolución, a clarificar sus pensamientos, a fortalecer su intención, y a celebrar los hitos de su viaje.

Conversaciones Inspiradoras y Mentoría: Busque conversaciones inspiradoras con personas que ya viven su propósito de vida y que manifestaron carreras alineadas con su esencia. Pida consejos, comparta sus dudas y sus desafíos, aprenda de sus experiencias y sus insights. Considere buscar un mentor que lo pueda guiar y apoyar en el viaje del descubrimiento del propósito y de la co-creación de la carrera. La sabiduría y el apoyo de otros pueden ser inestimables para su crecimiento y para su claridad de dirección.

Acto de Coraje y Exploración Semanal: Desafíese a dar un acto de coraje y exploración por semana en dirección a su propósito de vida y a su carrera alineada. Puede ser experimentar una nueva actividad, participar en un evento inspirador, contactar a alguien que admira, iniciar un proyecto creativo, voluntariarse en una causa que lo apasiona, hacer un curso online, leer un libro inspirador, etc. Pequeños actos de coraje y exploración abren puertas, revelan nuevas posibilidades e impulsan su viaje del propósito.

Co-crear el propósito de vida y la carrera alineada es una de las mayores aventuras de la existencia humana, un viaje de auto-descubrimiento, de crecimiento personal y de contribución al mundo. Al aplicar los principios de la co-creación consciente a este dominio fundamental, al proyectar intenciones claras, al conectarse con su esencia, al visualizar la realidad deseada, al utilizar afirmaciones potenciadoras, al seguir la acción inspirada, al entregarse al flujo divino, y al cultivar la paciencia y la persistencia, usted puede desvelar su propósito de vida único, manifestar una carrera alineada con su esencia y vivir una vida plena de significado, pasión y realización. ¡Comience hoy mismo a co-crear su propósito de vida y carrera alineada, y prepárese para florecer en todo su potencial, irradiando su luz única para el mundo!

Capítulo 21
Viviendo una Realidad Proyectada

La realidad que experimentamos es el reflejo directo de nuestras proyecciones internas, una construcción moldeada por nuestros pensamientos, creencias y emociones. Cada elemento de nuestra existencia, desde los desafíos hasta los logros, es generado por la forma en que interactuamos energéticamente con el universo. La verdadera maestría de la cocreación consciente va más allá de la simple manifestación de deseos puntuales; se trata de vivir alineado con un flujo continuo de intenciones claras y acciones inspiradas. Al reconocer y asumir el papel de proyectores de nuestra propia realidad, damos un paso esencial para transformar la cocreación de un concepto teórico en una práctica diaria integrada a cada momento de nuestra vida.

Ahora, vamos a integrar todas estas herramientas y principios en nuestra vida cotidiana, transformando la cocreación consciente de una práctica esporádica o conceptual en una forma de ser y de vivir, en una maestría de la proyección consciente que se manifiesta en todos los momentos y en todas las áreas de nuestra experiencia. La meta final de la cocreación consciente no es solo manifestar deseos aislados o alcanzar objetivos específicos, sino vivir una vida proyectada con maestría, una vida llena de significado, alegría, abundancia, amor, propósito y realización, en alineación con nuestra esencia más profunda y con el flujo de la vida.

La Cocreación Consciente como Estilo de Vida:

Integrar la cocreación consciente en la vida cotidiana significa incorporar sus principios y prácticas en todas las dimensiones de nuestra experiencia, transformando nuestra forma de pensar, de sentir, de actuar y de interactuar con el mundo. No se trata de "añadir" una técnica más o una rutina a nuestra agenda, sino de reconfigurar nuestra conciencia, de reprogramar nuestros hábitos mentales y emocionales, de redefinir nuestro paradigma de realidad, de abrazar una nueva forma de ser que se manifiesta en todas las áreas de nuestra vida.

La cocreación consciente como estilo de vida implica:

Vivir en la Conciencia del Proyector Interior: Mantener siempre presente la conciencia de tu poder de Proyector Interior, recordándote constantemente que tú eres el creador de tu realidad, que tus pensamientos, creencias, intenciones y emociones moldean activamente tu experiencia. Despertar cada mañana con la intención consciente de proyectar un día maravilloso, lleno de alegría, abundancia y sincronicidad, y recordarte a lo largo del día tu poder de influenciar tu realidad en cada momento.

Cultivar la Atención Plena y la Presencia: Vivir en el momento presente con atención plena y presencia consciente es fundamental para la cocreación cotidiana. Practica el mindfulness en todas tus actividades diarias, prestando atención plena a tus sensaciones, a tus pensamientos, a tus emociones, al ambiente a tu alrededor, al sabor de la comida, al toque del agua, al sonido de las voces, etc. La presencia consciente te permite observar tus pensamientos y emociones sin juzgamiento, identificar patrones limitantes, direccionar tu atención hacia lo positivo, y responder de forma más consciente e intencional a los desafíos y oportunidades que surgen en tu día a día.

Practicar la Gestión Consciente de los Pensamientos y Creencias: Mantener una vigilancia constante sobre tus pensamientos y creencias, aplicando las técnicas de identificación, desmantelamiento y sustitución de creencias limitantes que exploramos en el Capítulo 10. Transformar automáticamente los pensamientos negativos en pensamientos positivos, las creencias limitantes en creencias potenciadoras, el miedo en amor, la duda en confianza. Hacer de la gestión consciente de los pensamientos y creencias un hábito mental, una práctica continua de auto-observación y auto-transformación.

Incorporar la Visualización y las Afirmaciones en la Rutina Diaria: Integrar la visualización creativa y las afirmaciones positivas en tu rutina diaria, transformándolas en prácticas habituales y automáticas. Visualiza la realidad deseada mientras te cepillas los dientes, te duchas, caminas, esperas en el tráfico, o antes de dormirte. Repite tus afirmaciones positivas mentalmente o en voz alta mientras te vistes, preparas el café, haces ejercicio, o siempre que tengas un momento libre. Cuanto más integradas y automáticas se tornen las prácticas de visualización y afirmaciones, más poderosa y constante será tu proyección mental.

Vivir en la Gratitud Continua: Cultivar la gratitud como una actitud mental permanente, una forma de ver el mundo y de experimentar la vida. Comenzar y terminar cada día con expresiones de gratitud, reconociendo y apreciando las bendiciones de tu vida, grandes y pequeñas. Buscar motivos para agradecer en todas las situaciones, incluso en las desafiantes o negativas. Transformar la gratitud en un filtro de la percepción, en un hábito emocional, en una danza continua de reconocimiento y aprecio por la abundancia de la vida.

Irradiar Emociones Positivas para el Mundo: Hacer un esfuerzo consciente para cultivar e irradiar emociones positivas para el mundo en todas tus interacciones. Elegir conscientemente la alegría, el amor, el entusiasmo, la compasión, la esperanza, la confianza y la paz como estados emocionales predominantes en tu vida cotidiana. Practicar la bondad, la generosidad y la empatía en todas tus relaciones, irradiando energía positiva para las personas, los lugares y las situaciones que te rodean. Convertirte en un "foco de luz" que irradia positividad para el mundo, atrayendo hacia ti experiencias y personas que resuenan con esa misma energía vibrante.

Danzar con la Entrega y el Flujo de la Vida: Vivir en la danza de la entrega, confiando en el flujo del universo, liberando el control excesivo y el apego al resultado, aceptando el presente momento, escuchando la intuición, y siguiendo la orientación interior. Fluir con el ritmo natural de la vida, con sus altos y bajos, con sus ciclos de creación y destrucción, con sus giros inesperados. Confiar en que el universo está conspirando a tu favor, incluso cuando el camino se torna sinuoso o incierto. Vivir con ligereza, flexibilidad y adaptabilidad, danzando con la vida en vez de luchar contra ella.

Actuar Inspirado y Alineado con el Propósito: Tomar decisiones y acciones inspiradas, guiadas por la intuición, por el entusiasmo, por la alegría y por el alineamiento con tu propósito de vida. Responder espontáneamente a los impulsos creativos, a las oportunidades que surgen, a las sincronicidades que se manifiestan. Vivir con coraje, autenticidad y pasión, expresando tus talentos únicos y contribuyendo para el mundo de forma significativa. Hacer de la acción inspirada un modo de vida, una danza continua de creación y manifestación en el mundo.

Cocrear Relaciones Armoniosas en Todas las Áreas: Aplicar los principios de la cocreación consciente a todas tus relaciones, cultivando la proyección de amor incondicional, aceptación, empatía, comprensión, comunicación clara, foco en los aspectos positivos, perdón y gratitud en todas tus interacciones. Irradiar armonía y conexión para tu familia, amigos, colegas, parejas, conocidos e incluso para extraños. Hacer de las relaciones armoniosas una prioridad en tu vida, reconociendo que la calidad de tus interacciones influencia profundamente tu bienestar y tu felicidad.

Manifestar el Propósito de Vida y la Carrera Alineada como Expresión de la Esencia: Vivir tu propósito de vida y tu carrera alineada como una expresión natural de tu esencia, de tus talentos únicos, de tus pasiones innatas y de tus valores más profundos. Utilizar tu trabajo como un vehículo de contribución para el mundo, como una forma de dejar tu marca positiva, como una fuente de alegría, realización y abundancia. Integrar tu propósito de vida y tu carrera alineada en todas las dimensiones de tu existencia, viviendo una vida coherente, auténtica y llena de significado.

Consejos Prácticos para la Integración Continua:

Para facilitar la integración continua de la cocreación consciente en tu vida cotidiana, experimenta los siguientes consejos prácticos:

Comienza Pequeño y Sé Gradual: No intentes transformar tu vida de la noche a la mañana. Comienza con pequeños cambios, enfocándote en integrar uno o dos principios o prácticas de cocreación consciente en tu rutina diaria. A medida que te sientas más cómodo y confiado, ve añadiendo gradualmente nuevos elementos y expandiendo tu práctica hacia otras áreas de tu vida. La consistencia y la progresión gradual son más eficaces que los intentos radicales y efímeros de cambio.

Define Recordatorios Visuales y Auditivos: Crea recordatorios visuales y auditivos para ayudarte a mantenerte consciente de la cocreación a lo largo del día. Utiliza post-its con afirmaciones positivas en el espejo, en el refrigerador o en la computadora. Define alarmas en tu teléfono móvil con mensajes inspiradores o recordatorios para practicar la gratitud o la visualización. Usa fondos de pantalla en tu computadora o teléfono móvil con imágenes que representen la realidad que deseas cocrear. Los recordatorios visuales y auditivos ayudan a mantener tu atención enfocada en la cocreación consciente a lo largo del día.

Crea Rituales Diarios y Semanales: Incorpora rituales diarios y semanales en tu rutina para reforzar la práctica de la cocreación consciente. Reserva momentos específicos del día para la meditación, la visualización, las afirmaciones, la escritura en el diario de gratitud u otras prácticas que resuenen contigo. Define momentos de la semana para reflexionar sobre tus progresos, para planificar tus intenciones, para celebrar tus logros y para ajustar tu enfoque. Los rituales diarios y semanales crean estructura, consistencia y disciplina en tu práctica de cocreación consciente.

Busca un Compañero de Responsabilidad o Grupo de Apoyo: Encuentra un compañero de responsabilidad o únete a un grupo de apoyo de cocreación consciente, para compartir experiencias, desafíos, logros y aprendizajes, para recibir y ofrecer incentivo y motivación, y para mantenerte responsable por tu práctica. El compartir con otros que recorren un camino similar puede fortalecer tu determinación, expandir tu perspectiva y enriquecer tu jornada.

Sé Paciente, Gentil y Persistente Contigo Mismo: Recuerda que la integración de la cocreación consciente en la vida cotidiana es un proceso continuo y gradual, no una meta a ser alcanzada de forma instantánea o perfecta. Sé paciente, gentil y compasivo contigo mismo a lo largo del camino. No te critiques por tus "resbalones" o por tus dificultades. Celebra los pequeños progresos, aprende de los desafíos, y persiste en tu práctica con amor, fe y determinación. La maestría de la cocreación consciente es una jornada de vida, no un destino final.

Integrar la cocreación consciente en la vida cotidiana es abrazar una nueva forma de ser y de vivir, una forma más consciente, más intencional, más empoderada, más abundante y más alegre. Es transformar tu realidad de adentro hacia afuera, proyectando con maestría la vida de tus sueños, y viviendo cada momento con presencia, gratitud, alegría, propósito y amor. ¡Comienza hoy mismo a integrar la cocreación consciente en tu vida cotidiana, y prepárate para testimoniar una transformación extraordinaria de tu experiencia, a medida que te conviertes en un maestro de la proyección consciente, y danzas en perfecta armonía con el universo, cocreando una realidad llena de belleza, abundancia y realización!

Capítulo 22
Cocriando Salud

La salud es una expresión natural del equilibrio entre cuerpo, mente, emociones y espíritu, reflejando la armonía interna que proyectamos hacia nuestra realidad. Más que la simple ausencia de enfermedad, la verdadera salud se manifiesta como vitalidad, energía y bienestar en todas las áreas de la vida. Cada pensamiento, creencia y emoción influye directamente en nuestro estado físico, activando mecanismos de regeneración o de desequilibrio. Al reconocer nuestro poder de cocreación, podemos alinearnos con patrones que fortalecen nuestra salud, promoviendo un estado de plenitud y autorregulación natural, donde la vitalidad fluye como un reflejo de nuestra alineación interior.

La buena noticia es que la salud radiante y el bienestar pleno pueden ser cocreados conscientemente. Así como moldeamos otras áreas de nuestra realidad a través de nuestra proyección mental, también podemos influir activamente en nuestra salud y nuestro bienestar a través de nuestros pensamientos, creencias, intenciones, emociones y acciones alineadas con la vitalidad y la armonía. Al comprender los principios de la cocreación consciente aplicados a la salud y el bienestar, podemos convertirnos en cocreadores más hábiles y responsables de nuestro propio viaje de curación, vitalidad y plenitud.

La Salud como Estado Natural del Ser: Un Retorno a la Armonía

Es fundamental comprender que la salud radiante es nuestro estado natural de ser. Nuestro cuerpo es una máquina perfecta de autocuración y autorregulación, intrínsecamente programada para la vitalidad y el equilibrio. La enfermedad y el desequilibrio no son estados "normales" o "inevitables", sino señales de desalineación con nuestro estado natural de armonía, frecuentemente causados por patrones de pensamiento, creencias, emociones y estilos de vida que no sustentan nuestra vitalidad.

La cocreación consciente de la salud radiante y el bienestar pleno es, por lo tanto, un proceso de retorno a la armonía, de realineación con nuestro estado natural de vitalidad, de remoción de los bloqueos y de las resistencias que nos alejan de nuestro bienestar innato. Es un proceso de despertar a la sabiduría intrínseca de nuestro cuerpo, de honrar su inteligencia innata, y de colaborar conscientemente con sus mecanismos de autocuración y autorregulación.

Principios para Cocrear Salud Radiante y Bienestar Pleno:

Para cocrear salud radiante y bienestar pleno en todas las dimensiones de tu ser, podemos aplicar los siguientes principios de la cocreación consciente:

Intención Clara para la Salud y Bienestar: Comienza por definir intenciones claras y específicas para tu salud y bienestar. Pregúntate: "¿Cómo es para mí la salud radiante y el bienestar pleno? ¿Cómo deseo sentirme físicamente, mentalmente, emocionalmente y espiritualmente? ¿Qué nivel de vitalidad y energía deseo experimentar? ¿Qué tipo de salud deseo manifestar en mi cuerpo? ¿Qué tipo de bienestar deseo irradiar para mi vida?". Define intenciones claras y específicas, enfocando en un estado vibrante de salud y bienestar en todas las dimensiones de tu ser.

Proyectar Imágenes de Salud Perfecta y Vitalidad: Utiliza la visualización creativa para proyectar imágenes vívidas y detalladas de ti mismo disfrutando de salud perfecta y vitalidad radiante. Visualiza tu cuerpo fuerte, saludable, energizado, flexible, resistente y vibrante. Imagina tus órganos funcionando en perfecta armonía, tus células brillando con energía vital, tu sistema inmunológico robusto y eficiente, tu mente clara, enfocada y calma, tus emociones equilibradas y armoniosas, tu espíritu pleno de paz, alegría y conexión. Involucra todos tus sentidos en la visualización, viendo, oyendo, sintiendo, oliendo y saboreando la experiencia de la salud radiante y del bienestar pleno.

Afirmaciones para la Salud Radiante y Bienestar Pleno: Utiliza afirmaciones positivas y potenciadoras para programar tu mente subconsciente con creencias de salud, vitalidad y bienestar. Ejemplos de afirmaciones: "Yo cocreo salud radiante y bienestar pleno en todas las dimensiones de mi ser", "Yo tengo salud perfecta y vitalidad vibrante", "Mi cuerpo es fuerte, saludable, energizado y resiliente", "Mis células se regeneran y revitalizan constantemente", "Mi sistema inmunológico es fuerte y eficiente", "Mi mente es clara, enfocada y calma", "Mis emociones son equilibradas y armoniosas", "Mi espíritu está pleno de paz, alegría y conexión", "Yo soy grato/a por mi salud perfecta y bienestar pleno". Repite estas afirmaciones diariamente, con convicción y emoción positiva, para fortalecer tu proyección mental.

Cultivar Emociones Positivas de Salud y Bienestar: Procura cultivar y mantener emociones positivas asociadas a la salud y al bienestar, como alegría, gratitud, entusiasmo, amor, confianza, paz interior, vitalidad y energía. Siente estas emociones llenando tu cuerpo y vibrando en cada célula de tu ser. Las emociones positivas elevan tu frecuencia vibracional, sintonizándote con la energía de la salud y del bienestar, y fortaleciendo tu capacidad de manifestar estas cualidades en tu realidad.

Alimentar el Cuerpo con Nutrición Consciente y Vitalidad: La nutrición consciente y vitalizante es un pilar fundamental de la cocreación de la salud radiante. Elige alimentos nutritivos, integrales, orgánicos y vibrantes, ricos en vitaminas, minerales, antioxidantes y energía vital. Prioriza frutas, vegetales, legumbres, granos integrales, semillas, oleaginosas y proteínas magras. Reduce o elimina alimentos procesados, refinados, azucarados, grasosos y tóxicos, que drenan tu energía y perjudican tu salud. Come con atención plena, saboreando cada comida, agradeciendo por los alimentos, y nutriendo tu cuerpo con amor y respeto.

Movimentar el Cuerpo con Alegría y Consciencia: El movimiento consciente y placentero es esencial para la salud radiante y el bienestar pleno. Elige actividades físicas que te traigan alegría, placer y vitalidad, que resuenen con tu esencia y que se adapten a tus necesidades y capacidades. Camina en la naturaleza, baila, nada, practica yoga, haz tai chi, anda en bicicleta, corre, haz musculación, o cualquier otra actividad que te haga sentir vivo, energizado y conectado con tu cuerpo. Muévete con consciencia corporal, prestando atención a las sensaciones, a los límites y a las señales de tu cuerpo, honrando tu ritmo y tus necesidades.

Descansar y Regenerar el Cuerpo y la Mente: El descanso adecuado y la regeneración son fundamentales para la salud radiante y el bienestar pleno. Permite que tu cuerpo y tu mente descansen y se regeneren durante el sueño, el ocio, la relajación y la meditación. Prioriza un sueño reparador, con 7-9 horas de sueño profundo y tranquilo por noche. Reserva momentos diarios para la relajación consciente, para el ocio placentero, para la meditación y para la contemplación silenciosa, permitiendo que tu sistema nervioso se calme, que tus células se revitalicen, y que tu mente se renueve.

Conectarse con la Naturaleza y la Energía Vital: La conexión con la naturaleza y la energía vital es esencial para la salud radiante y el bienestar pleno. Pasa tiempo regularmente en contacto con la naturaleza, en ambientes naturales y revigorizantes, como parques, jardines, bosques, playas, montañas, lagos, ríos, etc. Absorbe la energía vital del sol, del aire puro, del agua fresca, de la tierra fértil, de las plantas y de los animales. La naturaleza nutre el cuerpo, calma la mente, eleva el espíritu y revitaliza la energía vital.

Cultivar Relaciones Saludables y Apoyo Social: Las relaciones saludables y el apoyo social son fundamentales para el bienestar emocional y mental, que a su vez influyen en la salud física. Cultiva relaciones positivas, nutritivas, amorosas y de apoyo, con familiares, amigos, parejas y comunidades que te inspiran, te valoran y te elevan. Invierte tiempo y energía en conexiones sociales significativas, comparte momentos de alegría, de apoyo y de intimidad con las personas que amas. Las relaciones saludables y el apoyo social son pilares del bienestar pleno.

Vivir con Propósito, Significado y Contribución: Vivir una vida con propósito, significado y contribución es esencial para la salud espiritual y el bienestar existencial, que también influyen en la salud física, mental y emocional. Descubre tu propósito de vida único, aquello que te hace sentir vivo, apasionado y realizado, aquello que te motiva a levantarte de la cama todos los días con entusiasmo. Dedica tiempo y energía a actividades que resuenan con tu propósito, que expresan tus talentos y pasiones, y que contribuyen para el bien mayor del mundo. Vivir con propósito, significado y contribución nutre el alma, fortalece el espíritu e irradia bienestar para todas las áreas de la vida.

Prácticas para Cocrear Salud Radiante y Bienestar Pleno:

Para integrar los principios de la cocreación consciente en tu jornada de salud radiante y bienestar pleno, experimenta las siguientes prácticas:

Meditación de la Cura y de la Vitalidad: Reserva momentos diarios para la meditación de la cura y de la vitalidad. Siéntate en silencio, respira profundo y visualiza luz dorada y energía vital llenando tu cuerpo, revitalizando cada célula, armonizando cada órgano, fortaleciendo tu sistema inmunológico, y restaurando tu equilibrio y bienestar natural. Repite afirmaciones de salud y vitalidad durante la meditación, y siente la emoción de la cura y del bienestar llenando tu ser.

Diario de la Salud y Bienestar: Mantén un diario de la salud y bienestar, donde registras diariamente tus progresos, tus insights, tus aprendizajes y tus intenciones en la jornada de la cocreación de la salud radiante. Anota tus prácticas de nutrición consciente, movimiento, descanso, conexión con la naturaleza, meditación, afirmaciones, visualizaciones y cultivo de emociones positivas. Celebra las pequeñas victorias, reconoce tus esfuerzos, y ajusta tu abordaje conforme sea necesario.

Creación de un Plan de Acción de Salud y Bienestar: Crea un plan de acción concreto y realista para integrar los principios de la cocreación consciente en tu jornada de salud y bienestar. Define metas específicas, medibles, alcanzables, relevantes y con plazo definido (SMART) para cada área de tu vida (nutrición, movimiento, descanso, etc.). Establece pasos prácticos y graduales para implementar los cambios deseados, y acompaña tu progreso a lo largo del tiempo.

Consulta con Profesionales de Salud Conscientes: Busca orientación y apoyo de profesionales de salud conscientes e integrativos, que comprenden la importancia de la mente, del cuerpo, de las emociones y del espíritu en la jornada de la cura y del bienestar. Consulta médicos, nutricionistas, terapeutas, coaches de bienestar, profesores de yoga, meditación u otras prácticas integrativas, que puedan complementar tu práctica de cocreación consciente y guiarte de forma personalizada en tu jornada de salud radiante.

Comunidad de Apoyo a la Salud y Bienestar: Únete a una comunidad de apoyo a la salud y bienestar, online o presencial, para compartir experiencias, recibir apoyo, intercambiar ideas, inspirarse y motivarse mutuamente en la jornada de la cocreación de la salud radiante. El apoyo y el compartir con otros que recorren un camino semejante pueden fortalecer tu determinación y enriquecer tu experiencia.

Cocrear salud radiante y bienestar pleno es un proceso holístico, continuo y profundamente transformador, que involucra la mente, el cuerpo, las emociones y el espíritu. Al aplicar los principios de la cocreación consciente a tu jornada de salud, al proyectar intenciones claras, al visualizar la vitalidad, al utilizar afirmaciones potenciadoras, al cultivar emociones positivas, al nutrir el cuerpo, al moverse con alegría, al descansar y regenerarse, al conectarse con la naturaleza, al cultivar relaciones saludables, y al vivir con propósito, puedes despertar tu potencial innato de autocuración y autorregulación, manifestar una salud vibrante y un bienestar pleno en todas las dimensiones de tu ser, y vivir una vida plena de vitalidad, energía, alegría y realización. ¡Comienza hoy mismo a cocrear tu salud radiante y bienestar pleno, y prepárate para florecer en todo tu potencial de vitalidad y plenitud!

Capítulo 23
Cocriando Abundancia

La abundancia es un flujo natural del universo, una energía disponible para todos los que se alinean con su frecuencia. La verdadera prosperidad va más allá de la posesión de bienes materiales, reflejando un estado de plenitud en todas las áreas de la vida: financiera, emocional, relacional y espiritual. El dinero, como expresión de la energía de la abundancia, responde a las creencias y emociones que proyectamos sobre él. Al transformar patrones limitantes y cultivar una mentalidad de riqueza, podemos abrir las puertas para un flujo continuo de oportunidades, recursos y experiencias que sustentan una vida próspera y significativa.

Muchas personas luchan con la escasez financiera, viviendo en preocupación, limitación y estrés en relación con el dinero. La creencia en la escasez es una programación mental limitante que nos impide reconocer y atraer la abundancia que es naturalmente nuestra por derecho divino. La buena noticia es que la abundancia financiera y la prosperidad pueden ser cocreadas conscientemente, así como cualquier otra área de nuestra realidad. Al transformar nuestras creencias limitantes sobre el dinero, al alinear nuestra energía con la frecuencia de la abundancia, y al aplicar las herramientas de la cocreación consciente, podemos abrir el flujo de la prosperidad en todas las áreas de nuestra vida.

La Abundancia como Estado Natural del Universo: Desbloqueando el Flujo Divino

Es crucial comprender que el universo es intrínsecamente abundante. La naturaleza es pródiga en recursos, en belleza, en vida, en energía. La escasez es una ilusión de la mente egoica, una percepción distorsionada de la realidad, alimentada por creencias limitantes y patrones de pensamiento negativos. La abundancia es el estado natural del universo, y está disponible para todos nosotros en cantidad ilimitada.

La cocreación consciente de la abundancia financiera y prosperidad es, por lo tanto, un proceso de desbloqueo del flujo divino, de remoción de las barreras mentales, emocionales y energéticas que nos impiden recibir la abundancia que es naturalmente nuestra. Es un proceso de realineamiento con la frecuencia de la prosperidad, de apertura a la receptividad, y de permiso para que la abundancia fluya libremente para nuestra vida.

Principios para Cocrear Abundancia Financiera y Prosperidad:

Para cocrear abundancia financiera y prosperidad en todas las áreas de su vida, podemos aplicar los siguientes principios de la cocreación consciente:

Intención Clara para la Abundancia y Prosperidad: Comience por definir intenciones claras y específicas para su abundancia financiera y prosperidad.

Pregúntese: "¿Cómo es para mí la abundancia financiera y la prosperidad? ¿Qué nivel de riqueza financiera deseo manifestar en mi vida? ¿Qué tipo de oportunidades y recursos deseo atraer? ¿Cómo deseo sentirme en relación con el dinero y la prosperidad? ¿Qué tipo de abundancia deseo experimentar en todas las áreas de mi vida?". Defina intenciones claras y específicas, enfocando en un estado vibrante de abundancia y prosperidad en todas las dimensiones de su ser.

Transformar Creencias Limitantes sobre el Dinero: Identifique y transforme sus creencias limitantes sobre el dinero, las creencias negativas que le impiden atraer y recibir abundancia financiera. Creencias como "el dinero es sucio", "el dinero es la raíz de todo mal", "yo no merezco ser rico", "es necesario trabajar mucho para ganar dinero", "la abundancia es para los otros, no para mí", "no hay dinero para todos", son bloqueos mentales que sabotean su prosperidad. Utilice las técnicas de liberación de creencias limitantes que exploramos en el Capítulo 10 para desmantelar estas creencias negativas y sustituirlas por creencias potenciadoras sobre el dinero, como "el dinero es energía", "el dinero es una herramienta para el bien", "yo merezco ser rico y próspero", "el dinero fluye fácil y abundantemente para mi vida", "la abundancia es mi estado natural", "hay abundancia ilimitada para todos".

Visualizar la Abundancia Financiera y Prosperidad: Utilice la visualización creativa para proyectar imágenes vívidas y detalladas de sí mismo disfrutando de abundancia financiera y prosperidad en todas las áreas de su vida. Visualícese viviendo con confort, seguridad y libertad financiera, teniendo recursos para realizar sus sueños y deseos, contribuyendo para causas que le inspiran, disfrutando de experiencias enriquecedoras, compartiendo su abundancia con los otros. Imagine su cuenta bancaria llena, su cartera próspera, sus oportunidades fluyendo fácilmente, sus inversiones prosperando, su negocio floreciendo. Involucre todos sus sentidos en la visualización, viendo, oyendo, sintiendo, oliendo y saboreando la experiencia de la abundancia financiera y prosperidad.

Afirmaciones para la Abundancia Financiera y Prosperidad: Utilice afirmaciones positivas y potenciadoras para programar su mente subconsciente con creencias de abundancia y prosperidad financiera. Ejemplos de afirmaciones: "Yo cocreo abundancia financiera y prosperidad en todas las áreas de mi vida", "Yo soy un imán para la abundancia y prosperidad financiera", "El dinero fluye fácil y abundantemente para mi vida", "Yo merezco ser rico y próspero", "Yo estoy abierto y receptivo a recibir abundancia de todas las fuentes", "Yo utilizo el dinero de forma sabia y generosa para el bien mayor", "Yo estoy agradecido/a por la abundancia financiera y prosperidad que fluye constantemente para mi vida". Repita estas afirmaciones diariamente, con convicción y emoción positiva, para fortalecer su proyección mental.

Cultivar Emociones Positivas de Abundancia y Prosperidad: Procure cultivar y mantener emociones positivas asociadas a la abundancia y prosperidad, como alegría, gratitud, entusiasmo, confianza, optimismo, seguridad, contento y apreciación por la riqueza. Sienta estas emociones llenando su cuerpo y vibrando en cada célula de su ser. Las emociones positivas elevan su frecuencia vibracional, sintonizándolo con la energía de la abundancia y prosperidad, y fortaleciendo su capacidad de atraer estas cualidades para su realidad.

Practicar la Gratitud por la Abundancia Presente y Futura: La gratitud es un poderoso imán para la abundancia. Practique la gratitud consciente por la abundancia que ya existe en su vida, por más pequeña que pueda parecer. Agradezca por el aire que respira, por el agua que bebe, por los alimentos que come, por el hogar que le abriga, por la ropa que le viste, por las personas que le aman, por las oportunidades que se presentan, por las bendiciones que le rodean. Exprese también gratitud anticipada por la abundancia futura que está cocreando, como si ella ya fuera una realidad presente. Sienta la gratitud llenando su corazón e irradiándose para el universo, abriendo el flujo de la abundancia para su vida.

Dar y Recibir con Equilibrio y Generosidad: La abundancia fluye en un ciclo continuo de dar y recibir. Para atraer más abundancia financiera y prosperidad, es importante dar generosamente y recibir con gratitud, manteniendo el equilibrio entre estas dos polaridades. Dé con alegría y generosidad, sin apego al resultado, sin esperar recompensa, con la intención de contribuir para el bien mayor. Reciba con gratitud y apertura, reconociendo su valor y su merecimiento de recibir abundancia, sin culpa o resistencia. El equilibrio entre dar y recibir mantiene el flujo de la abundancia en movimiento constante en su vida.

Vivir con Mentalidad de Abundancia y Oportunidad: Transforme su mentalidad de escasez en mentalidad de abundancia. En vez de enfocarse en la falta, en la limitación y en la competición, concéntrese en la abundancia, en las oportunidades y en la cooperación. Crea que hay abundancia ilimitada para todos, que el universo es próspero y generoso, que hay siempre más que lo suficiente para satisfacer las necesidades y los deseos de todos. Vea el mundo como un lugar lleno de oportunidades ilimitadas para crear, para prosperar, para contribuir, para realizar sus sueños. La mentalidad de abundancia abre sus ojos para las oportunidades y atrae la prosperidad para su vida.

Actuar Inspirado y Alineado con la Prosperidad: Esté atento a los impulsos de la acción inspirada que le guían en dirección a la prosperidad financiera y a la abundancia. Siga su intuición, explore nuevas oportunidades de negocio, invierta en sus talentos y pasiones, busque formas creativas de generar valor y contribuir para el mundo, conéctese con personas prósperas e inspiradoras, invierta en su desarrollo personal y profesional. Avance con confianza y entusiasmo en dirección a los caminos que se abren frente a usted, confiando en su capacidad de crear abundancia y prosperidad en todas las áreas de su vida.

Administrar el Dinero con Conciencia y Sabiduría: La abundancia financiera no se trata solo de atraer más dinero, sino también de administrar el dinero con conciencia y sabiduría. Desarrolle hábitos financieros saludables, como ahorrar, invertir, planear, presupuestar y gestionar su dinero de forma responsable e inteligente. Aprenda a utilizar el dinero como una herramienta para el bien, para realizar sus sueños, para apoyar sus pasiones, para contribuir para causas que le inspiran, y para crear más abundancia para sí y para los otros. La administración consciente y sabia del dinero fortalece su prosperidad financiera a largo plazo.

Prácticas para Cocrear Abundancia Financiera y Prosperidad:

Para integrar los principios de la cocreación consciente en su jornada de abundancia financiera y prosperidad, experimente las siguientes prácticas:

Meditación de la Abundancia y Prosperidad: Reserve momentos diarios para la meditación de la abundancia y prosperidad. Siéntese en silencio, respire hondo y visualícese sumergiéndose en un océano de abundancia financiera y prosperidad. Sienta la energía de la riqueza, de la opulencia, de la libertad financiera y de la seguridad envolviendo su ser. Repita afirmaciones de abundancia y prosperidad durante la meditación, y sienta la emoción de la riqueza y de la prosperidad llenando su corazón.

Diario de la Abundancia y Prosperidad: Mantenga un diario de la abundancia y prosperidad, donde registra diariamente sus experiencias, sus insights, sus aprendizajes y sus intenciones en la jornada de la cocreación de la abundancia financiera. Anote las oportunidades que surgen, las sincronicidades que presencia, sus progresos financieros, sus prácticas de gratitud por la abundancia presente y futura, y sus acciones inspiradas en dirección a la prosperidad. Celebre las pequeñas victorias, reconozca sus esfuerzos, y ajuste su abordaje según sea necesario.

Creación de un Mapa de la Visión de la Prosperidad: Cree un mapa de la visión de la prosperidad, un panel visual que represente su visión de la abundancia financiera y prosperidad en todas las áreas de su vida. Pegue imágenes, frases, palabras, símbolos, colores y objetos que representen la riqueza, la opulencia, la libertad financiera, las oportunidades, los recursos y la prosperidad que usted desea manifestar. Coloque su mapa de la visión en un lugar visible e inspírese en él diariamente, visualizándose viviendo la realidad próspera que usted está cocreando.

Consulta con Coaches Financieros Conscientes y Mentores de Prosperidad: Busque orientación y apoyo de coaches financieros conscientes y mentores de prosperidad, que comprenden los principios de la cocreación consciente y que pueden guiarlo de forma personalizada en su jornada de abundancia financiera. Consulte profesionales que le puedan ayudar a transformar sus creencias limitantes sobre el dinero, a desarrollar hábitos financieros saludables, a identificar oportunidades de negocio, a invertir de forma inteligente, y a alinear su energía con la frecuencia de la prosperidad.

Grupo de Mastermind de la Prosperidad: Únase a un grupo de mastermind de la prosperidad, un círculo de personas con mentalidad de abundancia y con objetivos financieros semejantes, para compartir ideas, estrategias, recursos, apoyo y networking. La energía colectiva y la sabiduría compartida de un grupo de mastermind pueden amplificar su capacidad de cocrear abundancia financiera y prosperidad, acelerando su progreso y expandiendo sus posibilidades.

Cocrear abundancia financiera y prosperidad es un proceso transformador y empoderador, que le libera de la escasez, de la limitación y de la preocupación, y le abre para un mundo de oportunidades ilimitadas, de recursos abundantes y de realización financiera y material. Al aplicar los principios de la cocreación consciente a su jornada de prosperidad, al transformar sus creencias limitantes, al visualizar la abundancia, al utilizar afirmaciones potenciadoras, al cultivar emociones positivas, al practicar la gratitud, al dar y recibir con equilibrio, al vivir con mentalidad de abundancia, al actuar inspirado, y al administrar el dinero con sabiduría, usted puede desbloquear el flujo divino de la prosperidad en todas las áreas de su vida, manifestar la abundancia financiera que desea y merece, y vivir una vida plena de riqueza, libertad, alegría y contribución. ¡Comience hoy mismo a cocrear su abundancia financiera y prosperidad, y prepárese para presenciar la magia de la manifestación de la riqueza y de las oportunidades ilimitadas en su realidad!

Capítulo 24
Aprendiendo a Diseñar Paz

La paz es un estado interno que se refleja en el mundo que nos rodea, manifestándose en nuestras relaciones, elecciones y en el ambiente en el que vivimos. Diseñar la paz significa cultivar intencionalmente la armonía en la mente, el equilibrio en las emociones y la serenidad en el corazón, permitiendo que esa energía se expanda a cada aspecto de la vida. Cuando nos alineamos con esta frecuencia, nuestro hogar se convierte en un refugio de tranquilidad, nuestras relaciones fluyen con más comprensión y nuestro camino se desarrolla con ligereza. La verdadera paz no es la ausencia de desafíos, sino la presencia de una conciencia que elige responder con claridad, amor y confianza.

Un hogar armonioso y un espacio sagrado no se definen por el tamaño, el lujo o la decoración, sino por la energía que vibra en el ambiente. Es un lugar que nos acoge con paz, belleza, serenidad, confort y seguridad, un espacio que nutre nuestra alma, que inspira nuestro espíritu y que nos invita a relajarnos, a regenerarnos y a reconectarnos con nuestra esencia. La buena noticia es que la armonía del hogar y la creación de un espacio sagrado pueden ser cocreadas conscientemente, así como cualquier otra área de nuestra realidad. Al aplicar los principios de la cocreación consciente a nuestro hogar, podemos transformarlo en un verdadero oasis de paz y bienestar, un refugio que nos sostiene y nos eleva en todo momento.

El Hogar como Extensión de Nuestra Conciencia: Reflejando Nuestra Armonía Interior

Es importante comprender que nuestro hogar es una extensión de nuestra conciencia, un reflejo de nuestro estado interior, un espejo de nuestra energía y de nuestras proyecciones mentales y emocionales. Si nuestro interior está en desorden, en conflicto, en estrés o en negatividad, es probable que nuestro hogar refleje esa misma energía a través de la desorganización, la confusión, la falta de armonía y un ambiente poco acogedor. Si, por otro lado, cultivamos la paz interior, la armonía, la serenidad y la positividad, es más probable que nuestro hogar se convierta en un espacio que irradie esas mismas cualidades, creando un ambiente que nos nutre y nos eleva.

La cocreación consciente de un hogar armonioso y un espacio sagrado es, por lo tanto, un proceso de alineación interior y exterior, de armonización de nuestra conciencia con nuestro ambiente físico, de proyección intencional de energías de paz, belleza y seguridad para nuestro refugio personal. Es un proceso de hacer de nuestro hogar un reflejo de nuestra mejor versión, un santuario que sustenta nuestro crecimiento personal, nuestra felicidad y nuestro bienestar pleno.

Principios para Cocrear un Hogar Armonioso y un Espacio Sagrado:

Para cocrear un hogar armonioso y un espacio sagrado que nutra tu alma, podemos aplicar los siguientes principios de la cocreación consciente:

Intención Clara para la Armonía y el Espacio Sagrado: Comienza por definir intenciones claras y específicas para la armonía de tu hogar y la creación de un espacio sagrado. Pregúntate: "¿Cómo es para mí un hogar armonioso y un espacio sagrado? ¿Cómo deseo sentirme en mi hogar? ¿Qué tipo de energía deseo que vibre en mi espacio personal? ¿Qué cualidades deseo que mi hogar refleje? ¿Qué tipo de refugio deseo cocrear para mí y para los míos?". Define intenciones claras y específicas, enfocándote en un hogar que sea un verdadero santuario de paz, belleza y seguridad para ti y para todos los que en él habitan.

Proyectar Imágenes de Paz, Belleza y Seguridad en el Hogar: Utiliza la visualización creativa para proyectar imágenes vívidas y detalladas de tu hogar transformado en un espacio armonioso y sagrado. Visualiza cada habitación de tu casa irradiando paz, serenidad, calma, belleza, luz, orden, limpieza, confort y seguridad. Imagina los colores, la luz natural, los objetos, las plantas, los sonidos, los aromas, la atmósfera general de tu hogar vibrando en perfecta armonía y equilibrio. Involucra todos tus sentidos en la visualización, viendo, oyendo, sintiendo, oliendo y saboreando la experiencia de estar en tu hogar armonioso y espacio sagrado.

Afirmaciones para la Armonía y el Espacio Sagrado en el Hogar: Utiliza afirmaciones positivas y potenciadoras para programar tu mente subconsciente con creencias de armonía y sacralidad para tu hogar. Ejemplos de afirmaciones: "Yo cocreo un hogar armonioso y un espacio sagrado que nutre mi alma", "Mi hogar es un refugio de paz, belleza y seguridad", "La energía de mi hogar es ligera, fluida y armoniosa", "Cada habitación de mi casa irradia calma, serenidad y confort", "Mi hogar es un espacio sagrado donde me siento amado, seguro y protegido", "Yo soy grato/a por mi hogar armonioso y espacio sagrado". Repite estas afirmaciones diariamente, con convicción y emoción positiva, para fortalecer tu proyección mental.

Cultivar Emociones Positivas de Paz, Armonía y Seguridad en el Hogar: Procura cultivar y mantener emociones positivas asociadas a la paz, la armonía y la seguridad en tu hogar, como alegría, gratitud, amor, serenidad, calma, contento, confort, relajación y bienestar. Siente estas emociones llenando tu cuerpo y vibrando en cada célula de tu ser mientras piensas en tu hogar, mientras visualizas tu espacio transformado, mientras practicas tus afirmaciones. Las emociones positivas elevan tu frecuencia vibracional, sintonizando tu hogar con la energía de la armonía y la sacralidad, y fortaleciendo tu capacidad de manifestar estas cualidades en tu ambiente físico.

Desintoxicar y Limpiar Energéticamente el Hogar: La limpieza energética del hogar es fundamental para crear un espacio sagrado. Desintoxica tu hogar de energías negativas, innecesarias o estancadas, a través de prácticas de limpieza energética como: abrir las ventanas y ventilar la casa, permitiendo que el aire fresco y la luz solar entren y renueven la energía del ambiente; quemar incienso natural o hierbas sagradas como salvia blanca, palo santo o lavanda, para purificar y elevar la vibración del espacio; utilizar sonidos armoniosos como música relajante, mantras o cuencos tibetanos, para equilibrar la energía del hogar; limpiar y organizar físicamente la casa, removiendo objetos innecesarios, reparando ítems dañados, y creando orden y fluidez en el ambiente. Realiza la limpieza energética de tu hogar regularmente, especialmente cuando sientas el ambiente pesado, tenso o desarmonioso.

Organizar y Armonizar el Espacio Físico del Hogar: La organización y la armonización del espacio físico son esenciales para crear un hogar armonioso y un espacio sagrado. Organiza cada habitación de tu casa, de forma a crear orden, fluidez y funcionalidad en el ambiente. Remueve el desorden, el exceso de objetos y la confusión visual, creando espacio para que la energía fluya libremente. Armoniza la decoración, utilizando colores suaves y relajantes, iluminación natural, materiales naturales, plantas, objetos de arte inspiradores y elementos decorativos que resuenen con tu esencia y con tu visión de hogar armonioso. Crea un ambiente visualmente agradable, estéticamente equilibrado y funcionalmente eficiente, que invita a la relajación, al bienestar y a la inspiración.

Crear Rincones Sagrados y Espacios de Introspección: Dentro de tu hogar, crea rincones sagrados y espacios dedicados a la introspección, a la meditación, a la oración, a la relajación y a la reconexión espiritual. Puede ser un pequeño altar con objetos significativos, un rincón tranquilo con almohadas y velas, un espacio de lectura con libros inspiradores, un jardín interior con plantas y flores, un estudio de yoga o meditación, o cualquier otro espacio que resuene con tu necesidad de silencio, introspección y reconexión con tu esencia. Utiliza estos rincones sagrados regularmente para nutrir tu alma, calmar la mente, elevar el espíritu y fortalecer tu conexión con tu sabiduría interior.

Infusionar el Hogar con Elementos de la Naturaleza y Energía Vital: Trae elementos de la naturaleza dentro de tu hogar, para infusionar el ambiente con energía vital, frescura, belleza y armonía natural. Plantas, flores, cristales, piedras, madera, agua, luz solar, aire fresco, sonidos de la naturaleza (como el sonido de agua corriente, viento o pájaros) son elementos naturales que elevan la vibración del hogar, que purifican el aire, que revitalizan la energía del ambiente, y que nos conectan con la belleza y la abundancia de la naturaleza. Utiliza estos elementos naturales en la decoración y en la organización de tu hogar, creando un ambiente que respira vida, frescura y armonía natural.

Crear una Atmósfera Acogedora y Convidativa para Ti y para los Otros: El hogar armonioso y el espacio sagrado deben ser acogedores y convidativos, tanto para ti como para las personas que amas y recibes en tu espacio. Crea una atmósfera que irradia calor humano, confort, gentileza, hospitalidad, amor y alegría. Utiliza colores cálidos y convidativos, luz suave y acogedora, texturas suaves y confortables, aromas agradables y reconfortantes, y objetos que evocan memorias felices y sentimientos positivos. Crea un ambiente donde todos se sientan bienvenidos, amados, seguros y en paz.

Mantener la Intención Consciente de Armonía y Sacralidad en el Hogar: Es fundamental mantener la intención consciente de armonía y sacralidad en tu hogar de forma continua. Recuerda diariamente tu intención de cocrear un hogar armonioso y un espacio sagrado, reforzando tus visualizaciones, afirmaciones y prácticas de limpieza energética y organización del espacio. Cultiva la atención plena en tu hogar, prestando atención a la energía del ambiente, a tus sentimientos al estar en casa, y a los pequeños detalles que pueden contribuir a la armonía y el bienestar de tu espacio personal. El mantenimiento continuo de la intención consciente es la clave para sostener la armonía y la sacralidad de tu hogar a largo plazo.

Prácticas para Cocrear un Hogar Armonioso y un Espacio Sagrado:

Para integrar los principios de la cocreación consciente en tu jornada de creación de un hogar armonioso y un espacio sagrado, experimenta las siguientes prácticas:

Meditación de la Armonización del Hogar: Reserva momentos regulares para la meditación de la armonización del hogar. Siéntate en silencio, respira profundo y visualiza luz blanca y dorada llenando todo tu hogar, purificando cada habitación, armonizando cada objeto, elevando la vibración del ambiente, y creando un campo energético de paz, belleza y seguridad en todo tu espacio personal. Repite afirmaciones de armonía y sacralidad del hogar durante la meditación, y siente la emoción de la paz y del bienestar llenando tu corazón y tu hogar.

Caminata Consciente de Armonización del Hogar: Realiza una caminata consciente de armonización del hogar. Recorre cada habitación de tu casa con atención plena, observando la energía del espacio, identificando áreas que necesitan limpieza, organización o armonización, y enviando intenciones de paz, belleza y seguridad para cada rincón de tu hogar. Toca los objetos con cariño y gratitud, reorganiza los espacios con intención consciente, y visualiza la energía de tu hogar tornándose cada vez más ligera, fluida y armoniosa.

Ritual Semanal de Limpieza y Armonización del Hogar: Crea un ritual semanal de limpieza y armonización del hogar. Reserva un momento de la semana para realizar una limpieza física y energética profunda de tu espacio personal, aplicando las prácticas de ventilación, incienso, sonidos, organización, decoración, y creación de rincones sagrados que resuenan contigo. Transforma la limpieza y la organización del hogar en un acto consciente e intencional de creación de un espacio sagrado, infundiendo cada acción con amor, gratitud y la intención de armonizar tu ambiente.

Mapa de la Visión del Hogar Armonioso y Espacio Sagrado: Crea un mapa de la visión del hogar armonioso y espacio sagrado, un panel visual que represente tu visión del hogar ideal, del refugio perfecto, del santuario personal que deseas cocrear. Pega imágenes, frases, palabras, símbolos, colores y objetos que representen la paz, la belleza, la seguridad, el confort, la armonía, la luz, la naturaleza y la sacralidad que deseas manifestar en tu hogar. Coloca tu mapa de la visión en un local visible e inspírate en él diariamente, visualizándote viviendo en el hogar armonioso y espacio sagrado que estás cocreando.

Compartir la Intención de Cocrear el Hogar Armonioso con los Cohabitantes: Si divides tu hogar con otras personas, comparte tu intención de cocrear un hogar armonioso y un espacio sagrado con tus cohabitantes. Conversa sobre tu visión de hogar ideal, escucha sus perspectivas, y procura encontrar un terreno común y un acuerdo mutuo sobre la creación de un ambiente armonioso y acogedor para todos. Invita a tus cohabitantes a participar en las prácticas de limpieza energética, organización y decoración del hogar, transformando la cocreación del espacio sagrado en un proyecto colaborativo y enriquecedor para todos.

Cocrear un hogar armonioso y un espacio sagrado es un acto de amor propio, de autocuidado y de creación consciente de un refugio personal que sustenta tu jornada de vida. Al aplicar los principios de la cocreación consciente a tu hogar, al proyectar intenciones claras, al visualizar la armonía, al utilizar afirmaciones potenciadoras, al cultivar emociones positivas, al limpiar y organizar el espacio, al traer la naturaleza para dentro de casa, y a mantener la intención consciente de sacralidad, puedes transformar tu casa en un verdadero santuario de paz, belleza y seguridad, un espacio que nutre tu alma, eleva tu espíritu e irradia bienestar para todas las áreas de tu vida. ¡Comienza hoy mismo a cocrear tu hogar armonioso y espacio sagrado, y prepárate para vivir la alegría, el confort y la serenidad de tener un refugio personal que te sustenta y te eleva en todos los momentos!

Capítulo 25
Cocriando Viajes

Viajar es expandir horizontes, transformar percepciones y permitirse vivir experiencias que nutren el alma. Cada jornada es más que un cambio de lugar; es una oportunidad de conexión con nuevas culturas, paisajes y, sobre todo, consigo mismo. Cuando alineamos nuestras intenciones con la energía del descubrimiento, los viajes se vuelven repletos de sincronicidades, encuentros significativos y momentos inolvidables. Cocrear un viaje no se trata solo de planificar itinerarios, sino de abrirse a la magia de lo desconocido, permitiendo que cada destino revele nuevas posibilidades de crecimiento, inspiración y encantamiento.

Muchas veces, planeamos viajes con base en la logística, el presupuesto o las expectativas externas, olvidándonos de que los viajes pueden ser mucho más que simples desplazamientos turísticos. La buena noticia es que los viajes mágicos y las experiencias memorables pueden ser cocreadas conscientemente, así como cualquier otra área de nuestra realidad. Al aplicar los principios de la cocreación consciente a nuestros viajes, podemos transformarlos en aventuras transformadoras, en jornadas repletas de sincronicidades, de momentos mágicos, de encuentros inspiradores y de experiencias que nutren nuestra alma y expanden nuestra conciencia.

Viajar como Jornada del Alma: Expandiendo la Conciencia a Través de la Aventura

Es importante comprender que viajar es, en su esencia, una jornada del alma, una búsqueda por expansión, por crecimiento, por conocimiento, por belleza, por conexión, por aventura y por significado. Los viajes tienen el poder de liberarnos de la rutina, de desafiarnos a salir de la zona de confort, de abrirnos a nuevas perspectivas, de conectarnos con la diversidad del mundo, y de reconectarnos con nuestra propia esencia a través de la exploración de lo desconocido.

La cocreación consciente de viajes mágicos y experiencias memorables es, por lo tanto, un proceso de intención consciente, de apertura a la magia de la sincronicidad, de confianza en el flujo de la vida, y de permiso para que el viaje se torne una jornada transformadora que resuena con nuestra alma y que nos deja memorias preciosas para la vida.

Principios para Cocrear Viajes Mágicos y Experiencias Memorables:

Para cocrear viajes mágicos y experiencias memorables que nutren su alma, podemos aplicar los siguientes principios de la cocreación consciente:

Intención Clara para el Viaje Mágico y Memorable: Comience por definir intenciones claras y específicas para su viaje mágico y memorable. Pregúntese: "¿Qué tipo de viaje deseo cocrear? ¿Qué tipo de experiencias deseo vivenciar? ¿Qué tipo de lugares deseo explorar? ¿Qué tipo de personas deseo conocer? ¿Qué tipo de transformación deseo alcanzar a través de este viaje? ¿Qué tipo de memorias deseo crear?". Defina intenciones claras y específicas, enfocando en las cualidades de magia, aventura, belleza, descubrimiento, transformación, conexión, alegría y memorias inolvidables que usted desea experimentar en su viaje.

Visualizar el Viaje Mágico y Experiencias Memorables: Utilice la visualización creativa para proyectar imágenes vívidas y detalladas de su viaje mágico y experiencias memorables. Visualícese disfrutando de momentos mágicos, de paisajes deslumbrantes, de encuentros inspiradores, de aventuras emocionantes, de experiencias culturales enriquecedoras, de momentos de relajación y rejuvenecimiento, de sincronicidades sorprendentes y de memorias inolvidables. Imagínese sintiendo alegría, entusiasmo, admiración, gratitud, paz interior y conexión profunda con el mundo y consigo mismo durante su viaje. Involucre todos sus sentidos en la visualización, viendo, oyendo, sintiendo, oliendo y saboreando la experiencia de su viaje mágico y memorable.

Afirmaciones para Viajes Mágicos y Experiencias Memorables: Utilice afirmaciones positivas y potenciadoras para programar su mente subconsciente con creencias de magia, aventura y experiencias memorables en sus viajes. Ejemplos de afirmaciones: "Yo cocreo viajes mágicos y experiencias memorables que nutren mi alma", "Mis viajes están repletos de alegría, aventura y belleza", "Yo atraigo sincronicidades y momentos mágicos en todos mis viajes", "Yo me conecto con personas inspiradoras y culturas enriquecedoras en mis viajes", "Yo creo memorias inolvidables y transformadoras en todos mis viajes", "Yo soy grato/a por los viajes mágicos y experiencias memorables que enriquecen mi vida". Repita estas afirmaciones diariamente, con convicción y emoción positiva, para fortalecer su proyección mental.

Cultivar Emociones Positivas de Aventura, Entusiasmo y Gratitud por el Viaje: Procure cultivar y mantener emociones positivas asociadas a la aventura, al entusiasmo y a la gratitud por su viaje, incluso antes de que comience. Sienta la excitación de la exploración, la alegría del descubrimiento, la admiración por la belleza del mundo, la gratitud por las oportunidades de viaje, la confianza en la seguridad y en la protección durante la jornada, y la anticipación por las memorias inolvidables que irá a crear. Sienta estas emociones llenando su cuerpo y vibrando en cada célula de su ser mientras piensa en su viaje, mientras visualiza sus experiencias, mientras practica sus afirmaciones. Las emociones positivas elevan su frecuencia vibracional, sintonizando su viaje con la energía de la magia y de la aventura, y fortaleciendo su capacidad de manifestar estas cualidades en su realidad.

Abrirse a la Sincronicidad y a la Magia del Viaje: La sincronicidad y la magia son ingredientes esenciales de los viajes memorables. Ábrase a la posibilidad de sincronicidades y momentos mágicos que sucedan durante su viaje, confiando en que el universo está conspirando para guiarlo hacia las experiencias correctas, hacia los encuentros divinos, hacia las oportunidades inesperadas y hacia los momentos perfectos. Esté atento a las señales, a las coincidencias, a los impulsos intuitivos, a los mensajes que surgen a lo largo de la jornada. Siga su intuición, sea flexible en sus planes, esté abierto a desvíos y giros inesperados, y permítase ser sorprendido por la magia del viaje.

Conectarse con la Cultura Local y la Sabiduría de los Lugares: Un viaje memorable es enriquecido por la conexión con la cultura local y la sabiduría de los lugares que visita. Sumérjase en la cultura local, experimente la gastronomía auténtica, aprenda algunas palabras y frases en el idioma local, interactúe con los habitantes locales con respeto y curiosidad, participe en actividades culturales y tradiciones locales. Conéctese con la energía y la historia de los lugares que visita, explore los templos antiguos, los monumentos históricos, los sitios naturales sagrados, los locales con significado espiritual y cultural. La apertura a la cultura local y a la sabiduría de los lugares enriquece su experiencia de viaje y expande su conciencia.

Explorar la Naturaleza y la Belleza del Mundo: La naturaleza y la belleza del mundo son fuentes inagotables de inspiración, revitalización y conexión espiritual durante los viajes. Reserve tiempo para explorar la naturaleza en sus destinos de viaje, visite parques naturales, playas paradisíacas, montañas majestuosas, bosques exuberantes, desiertos misteriosos, lagos serenos, ríos caudalosos, cascadas imponentes, etc. Contemple la belleza de la naturaleza, admire la grandiosidad de los paisajes, respire el aire puro, sienta la energía vital de la tierra, y permita que la naturaleza lo revitalice, lo inspire y lo reconecte con su esencia.

Practicar la Atención Plena y la Presencia en Cada Momento del Viaje: La atención plena y la presencia consciente son esenciales para saborear plenamente cada momento del viaje y crear memorias duraderas. Esté presente en cada experiencia, en cada paisaje, en cada interacción, en cada sensación, en cada emoción, en cada instante de su jornada. Desconéctese de las distracciones tecnológicas, abandone las preocupaciones con el pasado y el futuro, y sumérjase completamente en el presente momento. Observe con curiosidad y admiración, saboree con todos sus sentidos, aprecie la belleza de los detalles, y registre las memorias en su corazón y en su mente con atención plena y presencia consciente.

Abrirse a la Transformación Personal y al Crecimiento Interior a Través del Viaje: Esté abierto a la transformación personal y al crecimiento interior que los viajes mágicos y experiencias memorables pueden proporcionar. Permita que el viaje lo desafíe, lo inspire, lo cuestione, lo expanda y lo transforme. Salga de su zona de confort, enfrente sus miedos, supere sus límites, aprenda con las nuevas culturas y perspectivas, cuestione sus creencias y presuposiciones, y ábrase a la sabiduría que la jornada tiene para ofrecerle. Los viajes transformadores son catalizadores de crecimiento personal y expansión de la conciencia.

Expresar Gratitud y Apreciación por Cada Experiencia del Viaje: La gratitud y la apreciación amplifican la magia y la belleza de los viajes memorables. Exprese gratitud por cada experiencia, por cada paisaje, por cada encuentro, por cada momento de alegría, por cada desafío superado, por cada aprendizaje adquirido, por cada sincronicidad testimoniada, por cada memoria creada. Reconozca y aprecie la riqueza y la belleza de su jornada, celebre cada momento precioso, y registre las memorias en su corazón con profunda gratitud y aprecio.

Prácticas para Cocrear Viajes Mágicos y Experiencias Memorables:

Para integrar los principios de la cocreación consciente en sus viajes mágicos y experiencias memorables, experimente las siguientes prácticas:

Meditación del Viaje Mágico y Memorable: Reserve momentos diarios para la meditación del viaje mágico y memorable. Siéntese en silencio, respire profundo y visualícese embarcando en el viaje de sus sueños, experimentando momentos mágicos, explorando lugares increíbles, conectándose con personas inspiradoras, y creando memorias inolvidables. Repita afirmaciones de viajes mágicos y experiencias memorables durante la meditación, y sienta la emoción de la aventura, del entusiasmo y de la alegría llenando su corazón.

Diario del Viaje Mágico y Memorable: Mantenga un diario del viaje mágico y memorable, donde registre diariamente sus intenciones, sus visualizaciones, sus afirmaciones, sus sincronicidades, sus momentos mágicos, sus experiencias memorables, sus insights, sus aprendizajes y sus expresiones de gratitud durante su jornada de viaje. Anote los detalles que tornan su viaje especial, las emociones que siente, las memorias que crea, y las transformaciones que vivencia. El diario del viaje mágico se torna un tesoro de recuerdos preciosos y un testimonio del poder de la cocreación consciente en sus aventuras.

Mapa de la Visión del Viaje Mágico y Memorable: Cree un mapa de la visión del viaje mágico y memorable, un panel visual que represente su viaje de ensueño, las experiencias que desea vivenciar, los lugares que quiere explorar, las personas que anhela conocer, y las memorias que desea crear. Pegue imágenes, frases, palabras, símbolos, colores y objetos que representen la magia, la aventura, la belleza, el descubrimiento, la transformación, la conexión, la alegría y las memorias inolvidables que usted desea manifestar en su viaje. Coloque su mapa de la visión en un local visible e inspírese en él diariamente, visualizándose viviendo el viaje mágico y memorable que usted está cocreando.

Listas de Gratitud del Viaje: Cree listas de gratitud del viaje antes, durante y después de su jornada. Antes del viaje, haga una lista de todo lo que usted ya agradece anticipadamente por su viaje, por las oportunidades, por las experiencias, por las memorias, por las sincronicidades, por la magia y por la transformación que irá a vivenciar. Durante el viaje, haga listas diarias de gratitud por cada momento precioso, por cada experiencia enriquecedora, por cada encuentro inspirador, por cada paisaje deslumbrante, por cada sincronicidad testimoniada. Después del viaje, haga una lista final de gratitud por toda la jornada, por las memorias inolvidables, por los aprendizajes transformadores y por la magia que el viaje trajo para su vida.

Compartir Intenciones y Experiencias de Viaje con un Socio de Cocreación: Si usted viaja con un socio, amigo o familiar, comparta sus intenciones de cocrear un viaje mágico y memorable con su compañero de viaje. Conversen sobre sus visiones de viaje ideal, compartan sus expectativas, inspírense mutuamente a abrirse a la magia y a la sincronicidad, y celebren juntos las experiencias memorables que cocreen a lo largo de la jornada. La cocreación en pareja puede amplificar la magia y la alegría del viaje, tornándola aún más especial y enriquecedora para todos los involucrados.

Cocrear viajes mágicos y experiencias memorables es transformar sus aventuras en jornadas del alma, en oportunidades de crecimiento personal, de expansión de la conciencia, de conexión con la belleza del mundo y de creación de memorias preciosas para la vida. Al aplicar los principios de la cocreación consciente a sus viajes, al proyectar intenciones claras, al visualizar la magia, al utilizar afirmaciones potenciadoras, al cultivar emociones positivas, al abrirse a la sincronicidad, al conectarse con la cultura local y la naturaleza, al practicar la atención plena, y a expresar gratitud, usted puede transformar sus viajes en verdaderas aventuras transformadoras, en jornadas repletas de momentos mágicos, encuentros inspiradores y experiencias inolvidables que nutren su alma y expanden sus horizontes. ¡Comience hoy mismo a cocrear sus viajes mágicos y experiencias memorables, y prepárese para explorar el mundo con ojos de deslumbramiento, corazón abierto y alma aventurera!

Capítulo 26
Desbloqueando el Potencial Creativo

La creatividad y la innovación son fuerzas impulsoras de la evolución humana, que nos permiten solucionar desafíos, concebir nuevas ideas y transformar nuestra realidad de manera única e impactante. Lejos de ser un privilegio de pocos, el potencial creativo es una habilidad innata presente en todos, esperando ser despertado, nutrido y direccionado conscientemente. Al comprender y aplicar los principios de la cocreación consciente, se hace posible liberar esta capacidad, promoviendo soluciones originales e innovadoras en diversas áreas de la vida personal, profesional y colectiva.

Muchas veces, nos limitamos a enfoques convencionales y soluciones estandarizadas, olvidándonos del poder de la creatividad y de la innovación para transformar nuestra realidad. La buena noticia es que las soluciones creativas y la innovación pueden ser cocreadas conscientemente, así como cualquier otra área de nuestra experiencia. Al aplicar los principios de la cocreación consciente al dominio de la creatividad, podemos desbloquear nuestro potencial creativo innato, generar ideas originales e innovadoras, y manifestar soluciones creativas para los desafíos que enfrentamos en la vida personal, profesional y colectiva.

La Creatividad como Fuerza Vital de la Conciencia: Expresando la Originalidad Divina

Es importante comprender que la creatividad es una fuerza vital de la conciencia, una expresión de nuestra naturaleza divina, una manifestación de la originalidad, de la espontaneidad y de la infinitud del universo a través de nosotros. La creatividad no se limita a las artes o a las áreas consideradas "creativas", sino que impregna todas las áreas de la vida, desde la resolución de problemas cotidianos hasta la innovación científica, tecnológica, social, artística o espiritual. En esencia, todos somos seres creativos, con la capacidad innata de generar ideas originales, de encontrar soluciones innovadoras y de expresar nuestra singularidad en el mundo.

La cocreación consciente de soluciones creativas e innovación es, por lo tanto, un proceso de conexión con nuestra fuente interior de creatividad, de liberación de los bloqueos mentales y emocionales que inhiben nuestro potencial creativo, de alineamiento con la energía de la inspiración, y de permiso para que las ideas innovadoras fluyan libremente a través de nosotros. Es un proceso de despertar el genio creativo que reside en ti, de confiar en tu capacidad innata de generar soluciones originales, y de colaborar conscientemente con la inteligencia creativa del universo.

Principios para Cocrear Soluciones Creativas e Innovación:

Para cocrear soluciones creativas e innovación en cualquier área de tu vida, podemos aplicar los siguientes principios de la cocreación consciente:

Intención Clara para la Solución Creativa e Innovación: Comienza por definir intenciones claras y específicas para la solución creativa e innovación que deseas cocrear. Pregúntate: "¿Qué tipo de solución creativa deseo manifestar? ¿Qué tipo de problema deseo resolver de forma innovadora? ¿Qué tipo de idea original deseo generar? ¿Qué tipo de impacto creativo deseo tener en el mundo? ¿Qué tipo de innovación deseo cocrear?". Define intenciones claras y específicas, enfocando en la calidad de originalidad, innovación, eficacia, belleza e impacto positivo que deseas que tu solución creativa manifieste.

Visualizar Soluciones Creativas e Innovadoras: Utiliza la visualización creativa para proyectar imágenes vívidas y detalladas de las soluciones creativas e innovadoras que deseas manifestar. Visualiza la solución surgiendo clara y completa en tu mente, imagina los detalles, los mecanismos, los resultados, el impacto positivo que tu solución generará. Visualízate teniendo insights creativos, conectando ideas de forma original, descubriendo soluciones inesperadas, experimentando momentos de "¡Eureka!" y de inspiración divina. Involucra todos tus sentidos en la visualización, viendo, oyendo, sintiendo, oliendo y saboreando la experiencia de cocrear soluciones creativas e innovación.

Afirmaciones para la Creatividad e Innovación: Utiliza afirmaciones positivas y potenciadoras para programar tu mente subconsciente con creencias de creatividad, innovación y genialidad. Ejemplos de afirmaciones: "Yo cocreo soluciones creativas e innovadoras con facilidad y alegría", "Yo soy un canal para la creatividad divina y la innovación original", "Las ideas creativas e innovadoras fluyen libremente a través de mí", "Yo soy naturalmente creativo e ingenioso", "Yo encuentro soluciones innovadoras para todos los desafíos que enfrento", "Yo estoy agradecido/a por mi creatividad innata y por mi capacidad de innovar". Repite estas afirmaciones diariamente, con convicción y emoción positiva, para fortalecer tu proyección mental.

Cultivar Emociones Positivas de Inspiración, Curiosidad y Entusiasmo Creativo: Procura cultivar y mantener emociones positivas asociadas a la inspiración, a la curiosidad y al entusiasmo creativo, como alegría, pasión, entusiasmo, admiración, fascinación, contento, libertad, ligereza y espontaneidad. Siente estas emociones llenando tu cuerpo y vibrando en cada célula de tu ser mientras te dedicas a actividades creativas, mientras buscas soluciones innovadoras, mientras exploras nuevas ideas, mientras te conectas con tu fuente interior de creatividad. Las emociones positivas elevan tu frecuencia vibracional, sintonizando tu mente con la energía de la creatividad e innovación, y fortaleciendo tu capacidad de generar ideas originales.

Silenciar la Mente Crítica y Abrirse al Flujo Creativo: La mente crítica, el juicio, la autocensura y el miedo al fracaso son los mayores enemigos de la creatividad. Silencia la mente crítica, aprende a observar tus pensamientos sin juicio, y ábrete al flujo creativo de tu intuición, de tu imaginación y de tu espontaneidad. Permítete explorar ideas sin censura, incluso las que parecen extrañas, absurdas o "fuera de lo común". Libérate de la necesidad de perfección, del miedo a equivocarte o a ser criticado, y confía en tu capacidad de generar ideas originales, aunque no sean perfectas a primera vista. El flujo creativo florece en la ausencia de juicio y en la libertad de la experimentación.

Estimular la Curiosidad, la Exploración y la Experimentación: La creatividad se alimenta de la curiosidad, la exploración y la experimentación. Cultiva tu curiosidad innata, cuestiona las cosas, haz preguntas, explora nuevas áreas de conocimiento, interésate por temas diversos, desafía tus propias creencias y presupuestos. Experimenta nuevos enfoques, nuevas técnicas, nuevas herramientas, nuevas perspectivas, nuevas formas de hacer las cosas. Explora diferentes campos de la creatividad, desde las artes visuales a la música, la escritura, la danza, el teatro, la cocina, la jardinería, la ciencia, la tecnología, la innovación social, etc. La curiosidad, la exploración y la experimentación expanden tu mente, enriquecen tu repertorio creativo y abren puertas para la innovación.

Conectarse con la Inspiración de la Naturaleza y del Arte: La naturaleza y el arte son fuentes inagotables de inspiración creativa. Conéctate con la naturaleza, observa la belleza, la complejidad, la diversidad y la armonía de los ecosistemas naturales, inspírate en las formas, en los colores, en los patrones, en los sonidos y en los ritmos de la naturaleza. Exponte al arte en todas sus formas, visita museos, galerías de arte, conciertos, obras de teatro, espectáculos de danza, películas, lee libros, escucha música, aprecia la belleza y la expresividad de las obras de arte creadas por otros. La naturaleza y el arte nutren el alma creativa, despiertan la imaginación e inspiran la generación de nuevas ideas.

Practicar el Brainstorming, el Mind Mapping y Otras Técnicas Creativas: Utiliza técnicas de brainstorming, mind mapping y otras herramientas creativas para estimular la generación de ideas, la conexión de conceptos, la exploración de soluciones innovadoras y la organización del pensamiento creativo. El brainstorming permite generar un gran número de ideas libremente, sin juicio, estimulando la asociación libre de conceptos y la explosión creativa. El mind mapping ayuda a organizar las ideas de forma visual y jerárquica, facilitando la identificación de patrones, conexiones y nuevas perspectivas. Explora diferentes técnicas creativas y descubre aquellas que mejor se adaptan a tu estilo de pensamiento y a tus procesos creativos.

Crear un Ambiente Creativo e Inspirador: El ambiente físico y mental influye profundamente en la creatividad. Crea un ambiente creativo e inspirador a tu alrededor, tanto en tu espacio de trabajo como en tu hogar. Organiza tu espacio de trabajo de forma que promueva la concentración, la fluidez y la inspiración. Decora el ambiente con colores vibrantes, objetos inspiradores, obras de arte, plantas, luz natural, y elementos que te motiven y estimulen tu creatividad. Minimiza las distracciones, el ruido y el desorden, creando un espacio que favorece la concentración, la introspección y el flujo creativo.

Colaborar con la Creatividad Colectiva y el Feedback Constructivo: La creatividad no es un proceso aislado, sino que también florece en la colaboración y en la interacción con otros. Comparte tus ideas con otras personas, busca feedback constructivo, participa en brainstormings en grupo, colabora en proyectos creativos, únete a comunidades creativas. La diversidad de perspectivas, el intercambio de ideas, el feedback constructivo y la energía de la colaboración colectiva pueden amplificar tu creatividad, generar soluciones más innovadoras y enriquecer tu proceso creativo.

Prácticas para Cocrear Soluciones Creativas e Innovación:

Para integrar los principios de la cocreación consciente en tu jornada de generación de soluciones creativas e innovación, experimenta las siguientes prácticas:

Meditación de la Inspiración Creativa: Reserva momentos regulares para la meditación de la inspiración creativa. Siéntate en silencio, respira hondo y visualízate conectándote con la fuente universal de la creatividad divina, sumergiéndote en un océano de ideas innovadoras, abriéndote a la inspiración que fluye libremente a través de ti. Repite afirmaciones de creatividad e innovación durante la meditación, y siente la emoción de la inspiración y del entusiasmo creativo llenando tu corazón.

Diario de la Creatividad e Innovación: Mantén un diario de la creatividad e innovación, donde registras diariamente tus ideas creativas, tus insights innovadores, tus momentos de inspiración, tus desafíos creativos, tus soluciones originales, tus experimentaciones creativas y tus aprendizajes en el proceso creativo. Anota las ideas que surgen espontáneamente, los insights que te iluminan, los sueños creativos que te visitan, las soluciones innovadoras que encuentras, y las reflexiones sobre tu proceso creativo. El diario de la creatividad se convierte en un repositorio de ideas originales y una guía para tu desarrollo creativo.

Sesiones de Brainstorming Creativo Consciente: Agenda sesiones de brainstorming creativo consciente para explorar un problema específico, generar ideas innovadoras o desarrollar soluciones creativas. Define un tiempo limitado para la sesión de brainstorming, invita a otras personas a participar, crea un ambiente relajado e inspirador, y sigue las reglas del brainstorming: generar el máximo de ideas posible, sin juicio, sin crítica, incentivando la asociación libre de conceptos y la exploración de ideas "locas" o "fuera de lo común". Registra todas las ideas generadas durante la sesión de brainstorming, y después selecciona y refina las ideas más prometedoras para desarrollar soluciones creativas e innovadoras.

Paseos Creativos Inspiradores en la Naturaleza: Realiza paseos creativos inspiradores en la naturaleza para estimular tu mente creativa y conectarte con la fuente de inspiración de la naturaleza. Camina en parques, jardines, bosques, playas u otros ambientes naturales que te inspiren, observando la belleza, la diversidad y la armonía de la naturaleza con atención plena. Deja que la naturaleza te revitalice, te inspire y te conecte con tu creatividad innata. Lleva un cuaderno y bolígrafo contigo para anotar las ideas creativas, los insights innovadores y las inspiraciones que surgen durante el paseo creativo en la naturaleza.

Desafíos Creativos Semanales: Propónte a ti mismo desafíos creativos semanales para estimular tu mente creativa y expandir tu potencial de innovación. Elige un desafío creativo diferente cada semana, como "crear una nueva receta", "escribir un poema o una canción", "pintar o dibujar algo original", "crear un prototipo de un nuevo producto o servicio", "resolver un problema complejo de forma innovadora", "organizar un evento creativo", etc. Abraza los desafíos creativos con entusiasmo y curiosidad, diviértete en el proceso creativo, y celebra tus logros creativos al final de cada semana.

Cocrea soluciones creativas e innovación es despertar el genio creativo que reside en ti, liberar tu potencial innovador, y transformar tu capacidad de resolver problemas y generar ideas originales en todas las áreas de tu vida. Al aplicar los principios de la cocreación consciente a tu jornada creativa, al proyectar intenciones claras, al visualizar soluciones innovadoras, al utilizar afirmaciones potenciadoras, al cultivar emociones positivas, al silenciar la mente crítica, al estimular la curiosidad, al conectarte con la inspiración de la naturaleza y del arte, al practicar técnicas creativas, y al crear un ambiente creativo, puedes desbloquear tu potencial creativo innato, generar soluciones originales e innovadoras, y manifestar un impacto creativo significativo en el mundo. ¡Comienza hoy mismo a cocrear soluciones creativas e innovación, y prepárate para presenciar el florecimiento de tu genio creativo y la magia de la innovación manifestándose en tu realidad!

Capítulo 27
Cocriando la Manifestación de Sueños

Cocrear la manifestación de sueños específicos es un proceso consciente que combina intención, alineación energética y acción inspirada para transformar deseos profundos en realidad tangible. Cada objetivo, ya sea material, profesional, relacional o personal, puede ser alcanzado al refinar la claridad de la intención, superar creencias limitantes y aplicar técnicas avanzadas de visualización y afirmación. Al dominar estos principios e integrar la manifestación al flujo natural de la vida, se vuelve posible atraer y concretar con precisión aquello que resuena verdaderamente con tu esencia.

Muchas veces, tenemos sueños y deseos profundos, pero sentimos que su realización está fuera de nuestro alcance, dependiente de factores externos o de la suerte. La buena noticia es que la manifestación de sueños específicos puede ser cocreada conscientemente, con intención, foco, persistencia y el dominio de técnicas avanzadas. Al aprender a refinar nuestra intención, a superar los obstáculos internos y externos, a acelerar el proceso de manifestación y a mantener la alineación energética con nuestro sueño, podemos convertirnos en maestros de la manifestación consciente, capaces de concretar las metas que verdaderamente resuenan con nuestra alma.

La Manifestación de Sueños Específicos como Arte y Ciencia: Combinando Intención y Técnica

Es importante comprender que la manifestación de sueños específicos es tanto un arte como una ciencia. Es un arte porque requiere intuición, creatividad, sensibilidad energética, fe y entrega al flujo de la vida. Es una ciencia porque se basa en principios universales, leyes de la mente y del universo, técnicas específicas y prácticas consistentes. Dominar el arte de la manifestación de sueños específicos implica combinar la intuición y la técnica, la inspiración y la disciplina, la fe y la acción, la entrega y la intención, creando una sinergia poderosa que impulsa la realización de tus metas.

La cocreación consciente de la manifestación de sueños específicos es, por lo tanto, un proceso de intención enfocada, de alineación energética, de superación de resistencias, de acción inspirada y de cultivo de la fe y la gratitud. Es un proceso de convertirse en un maestro de tu propia realidad, capaz de utilizar las herramientas de la mente y del universo para transformar tus sueños más profundos en realidad tangible.

Principios y Técnicas Avanzadas para Cocrear la Manifestación de Sueños Específicos:

Para cocrear la manifestación de sueños específicos y alcanzar metas concretas, podemos aplicar los siguientes principios y técnicas avanzadas de la cocreación consciente:

Intención Específica, Clara y Emocionalmente Cargada: El primer paso crucial para la manifestación de un sueño específico es definir una intención clara, específica y emocionalmente cargada. No basta con tener un deseo vago o una meta genérica; es necesario clarificar exactamente lo que deseas manifestar, con el máximo de detalles posible, y conectarse emocionalmente con la realización de ese sueño, sintiendo la alegría, el entusiasmo, la gratitud y la realización como si tu sueño ya fuera realidad presente. Cuanto más específica, clara y emocionalmente cargada sea tu intención, más poderosa será tu proyección mental y más rápida será la manifestación.

Visualización Detallada y Multisensorial del Sueño Realizado: La visualización detallada y multisensorial es una técnica avanzada de manifestación que amplifica el poder de tu intención. No te limites a visualizar tu sueño como una imagen estática o abstracta; crea una escena vívida y detallada de tu sueño ya realizado, involucrando todos tus sentidos en la visualización. Mírate disfrutando de tu sueño, escucha los sonidos del ambiente, siente las sensaciones físicas, huele los aromas, saborea los detalles de la experiencia. Cuanto más rica, detallada y multisensorial sea tu visualización, más poderosa y eficaz será tu proyección mental.

Afirmaciones Poderosas y Personalizadas para el Sueño Específico: Las afirmaciones poderosas y personalizadas son herramientas esenciales para programar tu mente subconsciente con creencias de realización y para fortalecer tu intención de manifestación. Utiliza afirmaciones específicas y enfocadas en tu sueño concreto, formuladas de forma positiva, en tiempo presente, y emocionalmente cargadas. Ejemplos de afirmaciones: "Yo manifiesto [mi sueño específico] con facilidad y alegría", "Yo soy el creador de mi realidad y manifiesto [mi sueño específico] ahora", "Yo vibro en la frecuencia de la realización de [mi sueño específico]", "Yo estoy agradecido/a por ya haber manifestado [mi sueño específico] en mi realidad", "Yo merezco y recibo [mi sueño específico] ahora y siempre". Repite estas afirmaciones diariamente, con convicción y emoción positiva, para reprogramar tu mente subconsciente y fortalecer tu proyección mental.

Scripting Creativo y la "Historia del Sueño Realizado": El scripting creativo es una técnica avanzada que consiste en escribir la "historia de tu sueño ya realizado", como si fuera un guion de película o un cuento literario. Describe en detalles cómo sería tu vida, tus emociones, tus experiencias, tus sensaciones, tus relaciones, tu ambiente, tu rutina diaria, y todos los aspectos de tu realidad después de la manifestación de tu sueño. Escribe en tiempo presente, con emoción y detalles vívidos, como si estuvieras viviendo la realidad de tu sueño en este exacto momento. Lee tu script creativo diariamente, sintiéndote agradecido y entusiasmado por la realidad de tu sueño ya manifestado. El scripting creativo ayuda a anclar tu intención en el plano mental y emocional, fortaleciendo tu proyección de manifestación.

Mapas de la Visión Detallados y Enfocados en el Sueño Específico: El mapa de la visión, que ya exploramos en capítulos anteriores, puede ser una herramienta aún más poderosa cuando está enfocada en la manifestación de un sueño específico. Crea un mapa de la visión dedicado exclusivamente a tu sueño concreto, reuniendo imágenes, frases, palabras, símbolos y objetos que representen la realidad de tu sueño ya manifestado en todos los detalles. Divide el mapa de la visión en áreas específicas de tu sueño, como aspectos materiales, relacionales, emocionales, profesionales, personales, etc., y llena cada área con detalles vívidos e inspiradores. Coloca tu mapa de la visión en un lugar visible e inspírate en él diariamente, visualizándote viviendo la realidad de tu sueño que estás cocreando.

Técnica de los Sentidos Aumentados y de la Realidad Virtual Mental: La técnica de los sentidos aumentados consiste en intensificar la experiencia sensorial de la visualización, utilizando todos los sentidos de forma vívida y realista. Al visualizar tu sueño realizado, no solo veas las imágenes en tu mente, sino que aumenta la intensidad de las sensaciones, imaginando colores más vibrantes, sonidos más nítidos, olores más intensos, sabores más deliciosos y texturas más palpables. Crea una "realidad virtual mental" de tu sueño, tornando la experiencia de la visualización tan real e inmersiva como sea posible. Cuanto más vívida y sensorial sea tu visualización, más poderoso será su impacto en la realidad física.

Superar Creencias Limitantes y Resistencias Internas Específicas: Para la manifestación de sueños específicos, es fundamental identificar y superar las creencias limitantes y resistencias internas que pueden estar saboteando la realización de tu meta. Pregúntate: "¿Cuáles son mis miedos y dudas en relación a la realización de este sueño? ¿Cuáles son las creencias negativas que tengo sobre la posibilidad de alcanzar esta meta? ¿Cuáles son las resistencias internas que me impiden avanzar con confianza y fe en dirección a mi sueño?". Utiliza las técnicas de liberación de creencias limitantes que exploramos en el Capítulo 10 para desmantelar estas creencias negativas y resistencias internas específicas, sustituyéndolas por creencias potenciadoras y afirmaciones de autoconfianza y automerecimiento.

Acelerar la Manifestación con Técnicas de Liberación Emocional (EFT, Ho'oponopono, Sedona Method): Las técnicas de liberación emocional, como Emotional Freedom Techniques (EFT), Ho'oponopono y Sedona Method, pueden ser herramientas poderosas para acelerar el proceso de manifestación de sueños específicos, liberando bloqueos emocionales, resistencias internas y energías estancadas que pueden estar retrasando la realización de tu meta. Explora estas técnicas de liberación emocional, aprende a utilizarlas de forma eficaz, y aplícalas regularmente para limpiar el camino energético para la manifestación de tu sueño, removiendo obstáculos y permitiendo que la energía de la realización fluya libremente para tu vida.

Acción Inspirada Alineada con el Sueño Específico: La manifestación de sueños específicos no ocurre solo en el plano mental y energético; requiere acción inspirada y alineada con tu meta. Estate atento a los impulsos de la acción inspirada que surgen de tu intuición, de tu corazón y de tu sabiduría interior, y sigue esos impulsos con confianza y entusiasmo. Toma pequeños pasos prácticos y consistentes en dirección a tu sueño, aunque el camino completo no sea totalmente claro al principio. Busca oportunidades, recursos, contactos e información que te puedan aproximar a tu meta. La acción inspirada es el motor que impulsa la manifestación de tus sueños específicos en la realidad física.

Entrega Inteligente al Flujo Divino y Confianza en el Tiempo Perfecto: Aunque la intención enfocada y la acción inspirada sean esenciales, la manifestación de sueños específicos también requiere entrega inteligente al flujo divino y confianza en el tiempo perfecto del universo. Libera el apego excesivo al resultado y a la necesidad de controlar cada detalle del proceso de manifestación. Confía en que el universo está conspirando a tu favor para guiarte hacia la realización de tu sueño, en el tiempo perfecto y de la forma más apropiada. Permítete fluir con el ritmo natural de la vida, acepta los giros inesperados, confía en la sabiduría del universo, y mantén la fe inquebrantable de que tu sueño se está manifestando, aunque aún no sea visible en el plano físico.

Celebrar las Pequeñas Conquistas y Expresar Gratitud Continua: A lo largo del camino de la manifestación de sueños específicos, es fundamental celebrar las pequeñas conquistas y expresar gratitud continua por cada paso, por cada progreso, por cada sincronicidad, por cada oportunidad, por cada bendición que surge en el camino de la realización de tu meta. Reconoce y aprecia las señales de que tu sueño se está manifestando, aunque sean pequeñas y sutiles. La gratitud amplifica la energía de la manifestación, atrae más bendiciones para tu vida, y fortalece tu fe y tu confianza en el proceso de cocreación consciente.

Prácticas Avanzadas para Cocrear la Manifestación de Sueños Específicos:

Para integrar los principios y técnicas avanzadas de la cocreación consciente en tu camino de manifestación de sueños específicos, experimenta las siguientes prácticas:

Meditación de la Manifestación del Sueño Específico: Reserva momentos diarios para la meditación de la manifestación del sueño específico. Siéntate en silencio, respira hondo y visualízate viviendo la realidad de tu sueño ya manifestado, utilizando la técnica de los sentidos aumentados y de la realidad virtual mental. Repite afirmaciones poderosas y personalizadas para tu sueño específico durante la meditación, y siente la emoción de la realización, de la alegría y de la gratitud llenando tu corazón.

Sesiones de Scripting Creativo Intensivas: Programa sesiones de scripting creativo intensivas para escribir la "historia de tu sueño realizado" de forma detallada, vívida y emocionalmente cargada. Dedica tiempo y energía a sumergirte en la escritura de tu script creativo, explorando todos los aspectos de la realidad de tu sueño ya manifestado, y permitiendo que la emoción de la realización te llene por completo. Lee tu script creativo en voz alta, con convicción y entusiasmo, sintiéndote agradecido y entusiasmado por la realidad de tu sueño ya manifestado.

Creación de un Altar de la Manifestación del Sueño Específico: Crea un altar de la manifestación del sueño específico, un espacio sagrado dedicado exclusivamente a la manifestación de tu meta concreta. Coloca en el altar tu mapa de la visión detallado, objetos simbólicos que representen tu sueño, cristales que amplifiquen la energía de la manifestación, incienso, velas, flores, y otros elementos que resuenen con tu intención. Dedica tiempo diariamente a tu altar de la manifestación, meditando, visualizando, afirmando, escribiendo en tu diario de la manifestación, y conectándote con la energía de la realización de tu sueño.

Técnicas de Liberación Emocional Diarias (EFT, Ho'oponopono, Sedona Method): Incorpora técnicas de liberación emocional en tu rutina diaria, dedicando tiempo a practicar EFT, Ho'oponopono o Sedona Method para liberar bloqueos emocionales, resistencias internas y energías estancadas que puedan estar retrasando la manifestación de tu sueño específico. Utiliza estas técnicas siempre que sientas miedos, dudas, inseguridades, creencias limitantes o emociones negativas que puedan estar saboteando tu camino de manifestación.

Compañero de Manifestación de Sueños Específicos y Mastermind de la Realización de Metas: Encuentra un compañero de manifestación de sueños específicos o únete a un grupo de mastermind de la realización de metas, para compartir tus intenciones, tus progresos, tus desafíos, tus aprendizajes, y para recibir y ofrecer apoyo, incentivo, feedback y brainstorming creativo. La energía colectiva, la sabiduría compartida y el apoyo mutuo de un grupo de mastermind pueden amplificar tu capacidad de cocrear la manifestación de sueños específicos y acelerar la realización de tus metas.

Cocrear la manifestación de sueños específicos es dominar el arte de la proyección consciente a un nivel avanzado, transformándote en un maestro de tu propia realidad y concretando las metas que verdaderamente resuenan con tu alma. Al aplicar los principios y técnicas avanzadas de la cocreación consciente a la manifestación de sueños específicos, al refinar tu intención, al visualizar con detalles, al utilizar afirmaciones poderosas, al escribir scripts creativos, al crear mapas de la visión enfocados, al utilizar técnicas de liberación emocional, al seguir la acción inspirada, al entregarte al flujo divino, y al celebrar las pequeñas conquistas con gratitud, puedes transformar tus sueños más profundos en realidad tangible, manifestar las metas que tu corazón anhela, y vivir una vida plena de realización, propósito y alegría. ¡Comienza hoy mismo a cocrear la manifestación de tus sueños específicos, y prepárate para testimoniar la magia de la transformación de tu visión en realidad concreta!

Capítulo 28
Cocriando para Más Allá del Individuo

La cocreación va más allá del ámbito individual y se fortalece exponencialmente cuando se realiza en comunidad, orientada al bien mayor. Cuando las personas se unen con intenciones alineadas y un propósito compartido, forman un campo energético poderoso capaz de generar cambios significativos en la sociedad. Al cultivar la cooperación, la armonía y la visión colectiva, se hace posible manifestar realidades más justas, sostenibles y prósperas, beneficiando no solo a los involucrados, sino a toda la humanidad.

Muchas veces, nos enfocamos en nuestros objetivos y deseos individuales, olvidándonos del poder de la unión y la colaboración para crear un mundo mejor para todos. La buena noticia es que cocrear en comunidad y para el bien mayor es una posibilidad real y accesible, a través de la aplicación consciente de los principios de la cocreación colectiva. Al aprender a alinear nuestras intenciones con las de otros, a cultivar la armonía y la cooperación en grupos, a proyectar visiones compartidas y a actuar en conjunto para un propósito mayor, podemos convertirnos en cocreadores conscientes de un futuro más positivo y próspero para toda la humanidad.

La Cocreación Colectiva como Fuerza de Transformación Global: Uniendo Intenciones para el Bien Común

Es fundamental comprender que la conciencia colectiva de la humanidad es una fuerza poderosa que moldea la realidad de nuestro mundo. Nuestros pensamientos, creencias, intenciones y emociones colectivas, cuando se dirigen conscientemente hacia el bien mayor, tienen el poder de transformar nuestras sociedades, nuestras comunidades, nuestro planeta y nuestro futuro. La cocreación colectiva no es una utopía distante, sino una realidad emergente, impulsada por la creciente conciencia de la interconexión, la interdependencia y la responsabilidad compartida que nos une como seres humanos.

La cocreación consciente en comunidad y para el bien mayor es, por lo tanto, un proceso de alineación de intenciones colectivas, de cultivo de la armonía y la cooperación en grupos, de proyección de visiones compartidas para un futuro mejor, y de acción conjunta e inspirada para manifestar ese futuro deseado. Es un proceso de despertar a nuestro poder de cocreadores colectivos, de unir fuerzas para el bien común, y de construir un mundo más justo, pacífico, sostenible, próspero y armonioso para todos los seres.

Principios y Estrategias para Cocrear en Comunidad y para el Bien Mayor:

Para cocrear en comunidad y para el bien mayor, manifestando cambios positivos a gran escala, podemos aplicar los siguientes principios y estrategias de la cocreación consciente colectiva:

Intención Colectiva Clara y Alineada con el Bien Mayor: El primer paso esencial para la cocreación colectiva eficaz es definir una intención colectiva clara y alineada con el bien mayor de todos los involucrados y de la comunidad más amplia. No basta con tener un grupo de personas reunidas; es preciso que el grupo defina conscientemente un propósito común, una visión compartida, un objetivo colectivo que beneficie a todos y que esté en resonancia con valores universales como la paz, la justicia, la armonía, la sostenibilidad, la prosperidad, la salud y el bienestar. Cuanto más clara, alineada y enfocada en el bien mayor sea la intención colectiva, más poderosa será la cocreación del grupo.

Cultivar la Armonía, la Cooperación y la Comunicación Consciente en el Grupo: La armonía, la cooperación y la comunicación consciente son fundamentales para el éxito de la cocreación colectiva. Es preciso cultivar un ambiente de respeto, confianza, empatía, escucha activa, diálogo abierto, colaboración genuina y resolución pacífica de conflictos dentro del grupo. Promover la diversidad de perspectivas, valorar las contribuciones de cada miembro, celebrar los talentos individuales y colectivos, y construir una sinergia positiva que fortalezca la energía y la eficacia de la cocreación del grupo. La armonía, la cooperación y la comunicación consciente crean la base para una cocreación colectiva poderosa y transformadora.

Visualización Colectiva y Compartida de la Realidad Deseada para el Bien Mayor: La visualización colectiva y compartida amplifica el poder de la intención del grupo y fortalece la proyección mental de la realidad deseada para el bien mayor. Realice sesiones de visualización guiada en grupo, donde todos los miembros imaginen en conjunto la realidad que desean cocrear para la comunidad, para la sociedad o para el planeta. Utilice imágenes vívidas y detalladas, involucrando todos los sentidos en la visualización, y sincronice las emociones positivas del grupo en la frecuencia de la realización de la visión compartida. La visualización colectiva y compartida crea un campo energético poderoso que impulsa la manifestación de la realidad deseada a gran escala.

Afirmaciones Colectivas y Unificadas para el Bien Mayor: Utilice afirmaciones colectivas y unificadas para programar la mente subconsciente del grupo y fortalecer la proyección mental de la realidad deseada para el bien mayor. Cree afirmaciones específicas y enfocadas en la intención colectiva, formuladas de forma positiva, en tiempo presente, y emocionalmente cargadas, que resuenen con los valores y objetivos compartidos del grupo. Ejemplos de afirmaciones colectivas: "Nosotros cocreamos un mundo de paz, justicia y armonía para todos", "Nuestra comunidad florece en prosperidad, salud y bienestar", "Nosotros manifestamos soluciones sostenibles e innovadoras para los desafíos de nuestro planeta", "Nosotros somos cocreadores conscientes de un futuro mejor para la humanidad", "Nosotros vibramos en la frecuencia del amor, la compasión y la unidad, manifestando el bien mayor para todos los seres". Repitan estas afirmaciones en grupo regularmente, con convicción y emoción positiva, para fortalecer su proyección mental colectiva.

Creación de Símbolos, Rituales y Prácticas Colectivas de Cocreación: La creación de símbolos, rituales y prácticas colectivas de cocreación fortalece la identidad del grupo, la cohesión interna y la energía de la manifestación colectiva. Desarrollen símbolos visuales, sonoros o gestuales que representen la intención colectiva y la visión compartida del grupo. Creen rituales de conexión, de alineación de intenciones, de visualización colectiva, de afirmaciones unificadas y de celebración de los progresos y logros del grupo. Incorporen prácticas regulares de meditación en grupo, de brainstorming creativo colectivo, de mind mapping compartido y de otras técnicas de cocreación colectiva que resuenen con la energía y el propósito del grupo. Los símbolos, rituales y prácticas colectivas fortalecen el vínculo del grupo y amplifican el poder de la cocreación colectiva.

Acción Colectiva Inspirada y Alineada con el Bien Mayor: La cocreación colectiva no se limita al plano mental y energético; requiere acción colectiva inspirada y alineada con la intención y la visión compartida del grupo. Estén atentos a los impulsos de la acción inspirada que surgen de la intuición colectiva, de la sabiduría del grupo y de la orientación interior de cada miembro, y sigan esos impulsos con coraje, entusiasmo y colaboración. Definan planes de acción concretos y realistas, distribuyan tareas y responsabilidades, coordinen los esfuerzos, y avancen en conjunto en dirección a la manifestación de la realidad deseada para el bien mayor. La acción colectiva inspirada es el motor que impulsa la transformación de la visión compartida en realidad tangible en el mundo.

Liderazgo Servidor y Empoderador en la Cocreación Colectiva: El liderazgo servidor y empoderador es esencial para guiar y facilitar el proceso de cocreación colectiva de forma eficaz y armoniosa. El líder servidor no es un jefe autoritario, sino un facilitador, un catalizador, un inspirador, un conector y un servidor del grupo. El líder servidor escucha activamente las necesidades y las visiones de cada miembro, promueve la participación y el empoderamiento de todos, facilita la comunicación y la colaboración, gestiona conflictos de forma pacífica y constructiva, y guía al grupo con sabiduría, integridad y compasión en dirección a la realización de la intención colectiva. El liderazgo servidor y empoderador fortalece la cohesión del grupo, maximiza el potencial creativo colectivo y garantiza que la cocreación colectiva sea un proceso inclusivo, participativo y beneficioso para todos.

Conectarse con Redes y Comunidades de Cocreación Consciente: Para expandir el impacto de la cocreación colectiva y fortalecer su propia práctica, es importante conectarse con redes y comunidades de cocreación consciente que compartan valores, propósitos e intenciones semejantes. Participen en encuentros, eventos, workshops, webinars, plataformas online y redes sociales dedicadas a la cocreación consciente colectiva, intercambien experiencias, compartan conocimientos, colaboren en proyectos conjuntos, y construyan alianzas y colaboraciones con otros cocreadores conscientes. La conexión con redes y comunidades de cocreación consciente amplía su perspectiva, fortalece su motivación, expande su alcance y multiplica el impacto de su cocreación colectiva.

Enfocarse en el Bien Mayor y en la Contribución para el Mundo: El principio fundamental de la cocreación en comunidad es enfocarse en el bien mayor y en la contribución positiva para el mundo. Asegúrese de que la intención colectiva, las acciones del grupo y los resultados de la cocreación estén siempre alineados con valores éticos, principios universales y el bienestar de todos los seres. Busque crear soluciones que beneficien no solo al grupo, sino también a la comunidad más amplia, a la sociedad, al planeta y a las futuras generaciones. La cocreación consciente en comunidad es una oportunidad para trascender los intereses individuales y egoicos y para contribuir de forma significativa a la construcción de un mundo mejor para todos.

Celebrar los Progresos Colectivos y Expresar Gratitud por la Cocreación en Comunidad: A lo largo del camino de la cocreación colectiva, es fundamental celebrar los progresos y logros del grupo y expresar gratitud por la oportunidad de cocrear en comunidad y para el bien mayor. Reconozcan y aprecien los esfuerzos de cada miembro, celebren los hitos alcanzados, compartan los éxitos, y expresen gratitud por la energía, la sabiduría y el poder de la cocreación colectiva. La celebración y la gratitud fortalecen el espíritu de unión, la motivación del grupo, y la energía de la manifestación colectiva, impulsando la cocreación continua de cambios positivos a gran escala.

Prácticas para Cocrear en Comunidad y para el Bien Mayor:

Para integrar los principios y estrategias de la cocreación consciente colectiva en sus iniciativas comunitarias y proyectos de bien mayor, experimente las siguientes prácticas:

Reuniones de Alineación de Intenciones Colectivas: Organice reuniones regulares de alineación de intenciones colectivas con su grupo o comunidad. Utilice estas reuniones para clarificar y refinar la intención colectiva, para discutir y resolver desafíos, para compartir progresos, para inspirar y motivar a los miembros, y para fortalecer el vínculo y la cohesión del grupo. Incorpore prácticas de meditación en grupo, visualización colectiva, afirmaciones unificadas y brainstorming creativo colectivo en las reuniones de alineación de intenciones colectivas.

Creación de un "Espacio Sagrado Colectivo" Virtual o Físico: Cree un "espacio sagrado colectivo" para su grupo, ya sea virtual (como un grupo online dedicado a la cocreación colectiva) o físico (como un lugar de encuentro regular para las actividades del grupo). Utilice este espacio sagrado colectivo para las reuniones, para las prácticas de cocreación colectiva, para el intercambio de experiencias, para el apoyo mutuo, y para la celebración de los logros del grupo.

Capítulo 29
Hábitos y Prácticas Continuas

Mantener la cocreación consciente como parte integral de la vida exige un compromiso continuo con prácticas y hábitos que sustenten la expansión de la consciencia y la manifestación intencional. Más que una técnica, se trata de un estilo de vida que se consolida a través de la repetición disciplinada de rituales diarios, alineación mental y emocional, y una actitud de presencia y gratitud. Al integrar la cocreación en todas las áreas de la existencia, esta se convierte en un flujo natural, permitiendo que cada experiencia diaria refuerce la maestría de la manifestación y el poder de la intención consciente.

Muchas veces, iniciamos prácticas de desarrollo personal con entusiasmo y motivación, pero con el tiempo, la rutina, los desafíos y las distracciones de la vida cotidiana pueden hacer que estas prácticas se diluyan, se pierdan o se vuelvan esporádicas. La buena noticia es que mantener la cocreación consciente a lo largo de la vida es posible y recompensador, a través de la consolidación de hábitos y prácticas continuas que refuerzan tu maestría de la proyección consciente y que sustentan la transformación de tu realidad de forma consistente y duradera. Al crear una rutina de prácticas de cocreación consciente, al cultivar hábitos mentales, emocionales y comportamentales que resuenan con los principios de la proyección consciente, y al integrar la cocreación consciente en todas las áreas de nuestra vida, podemos mantener viva la llama de la cocreación, expandir nuestro potencial de manifestación y vivir una vida cada vez más plena, consciente y alineada con nuestros sueños más profundos.

La Cocreación Consciente como Estilo de Vida: Un Compromiso Continuo con la Expansión de la Consciencia

Es importante comprender que la cocreación consciente no es un destino final a ser alcanzado, sino una jornada continua de expansión de la consciencia, de auto-perfeccionamiento, de crecimiento personal y de manifestación de nuestra realidad deseada. Mantener la cocreación consciente a lo largo de la vida es, por lo tanto, un compromiso continuo con esta jornada, una dedicación persistente a la práctica, al aprendizaje, a la evolución y a la integración de los principios de la proyección consciente en todas las dimensiones de nuestra experiencia. Es un compromiso de vivir conscientemente como cocreadores de nuestra realidad, de asumir la responsabilidad por nuestro poder de proyección, y de utilizar ese poder de forma sabia, intencional y alineada con el bien mayor.

Hábitos y Prácticas Continuas para Mantener la Cocreación Consciente a lo Largo de la Vida:

Para mantener la cocreación consciente como un estilo de vida permanente, sustentando tu maestría de la proyección consciente a lo largo de tu jornada, podemos incorporar los siguientes hábitos y prácticas continuas en nuestra rutina diaria y semanal:

Meditación Diaria de la Cocreación Consciente: Un Ritual Matinal de Alineación: La meditación diaria de la cocreación consciente es un hábito fundamental para mantener viva la llama de la proyección consciente a lo largo de la vida. Reserva un tiempo específico todas las mañanas, idealmente justo al despertar, para practicar la meditación de la cocreación consciente. Utiliza diferentes técnicas de meditación que exploramos a lo largo del libro, como la meditación de la visualización, la meditación de las afirmaciones, la meditación de la gratitud, la meditación de la liberación emocional, la meditación de la inspiración creativa, etc. Varía tus meditaciones, explora nuevos enfoques, y mantén la práctica de la meditación diaria como un ritual matinal de alineación, que te conecta con tu intención de cocrear conscientemente tu realidad a lo largo del día.

Revisión Diaria Consciente de los Pensamientos y Creencias: Un Guardián de la Mente: La revisión diaria consciente de los pensamientos y creencias es un hábito esencial para mantener tu mente alineada con la frecuencia de la cocreación consciente. Reserva algunos momentos a lo largo del día, especialmente antes de iniciar actividades importantes o desafiantes, para observar conscientemente tus pensamientos y creencias. Identifica pensamientos negativos, limitantes o desalineados con tus objetivos y valores, y aplica las técnicas de transformación de creencias limitantes que exploramos en el Capítulo 10 para desmantelar estas creencias negativas y sustituirlas por creencias potenciadoras y afirmaciones positivas. Transforma la revisión diaria consciente de los pensamientos y creencias en un "guardián de la mente", que te ayuda a mantener el control sobre tu diálogo interno y a direccionar tu energía mental para la cocreación consciente.

Visualización Creativa y Afirmaciones a lo Largo del Día: Momentos de Proyección Consciente: No te limites a practicar la visualización y las afirmaciones solo durante la meditación matinal; integra la visualización creativa y las afirmaciones positivas a lo largo del día, transformando momentos cotidianos en "momentos de proyección consciente". Visualiza la realidad deseada mientras esperas en el tráfico, mientras caminas, mientras lavas los platos, mientras te duchas, mientras esperas en una fila, etc. Repite tus afirmaciones positivas mentalmente o en voz baja mientras te vistes, mientras preparas el café, mientras haces ejercicio, mientras esperas en una consulta, etc. Aprovecha los pequeños intervalos de tu día para practicar la visualización y las afirmaciones, transformando momentos aparentemente banales en oportunidades de reforzar tu proyección consciente.

Diario de la Gratitud Continua: Un Registro de la Abundancia Diaria: El diario de la gratitud continua es un hábito poderoso para mantener tu energía alineada con la frecuencia de la abundancia y la positividad a lo largo de la vida. Reserva algunos minutos todas las noches, antes de dormir, para escribir en tu diario de la gratitud. Registra al menos 3 a 5 cosas por las cuales estás agradecido ese día, grandes o pequeñas, materiales o inmateriales, personales o colectivas. Recuerda momentos positivos, logros, bendiciones, sincronicidades, oportunidades, relaciones, aprendizajes, y todo aquello que te hizo sentir agradecido y apreciado a lo largo del día. La práctica diaria de la gratitud fortalece tu mentalidad de abundancia, eleva tu frecuencia vibracional y atrae más bendiciones a tu vida.

Momentos de Atención Plena y Presencia Consciente: Saboreando el Presente Momento: La atención plena y la presencia consciente son hábitos esenciales para vivir plenamente la realidad cocreada y para mantenerse conectado con el poder del momento presente. Practica el mindfulness en todas tus actividades diarias, prestando atención plena a tus sensaciones, a tus pensamientos, a tus emociones, al ambiente a tu alrededor, al sabor de la comida, al tacto del agua, al sonido de las voces, etc. Reserva momentos específicos del día para practicar la meditación mindfulness, enfocándote en la respiración, en las sensaciones corporales, en los sonidos, en los aromas, en los sabores o en cualquier otro objeto de atención plena. La atención plena y la presencia consciente te permiten saborear plenamente el presente momento, reducir el estrés, aumentar la claridad mental y fortalecer tu conexión con tu esencia.

Revisión Semanal de la Jornada de la Cocreación: Reflexión, Planificación y Ajuste: La revisión semanal de la jornada de la cocreación es un hábito estratégico para mantener el rumbo, evaluar los progresos, identificar desafíos, planificar los próximos pasos y ajustar tu enfoque según sea necesario. Reserva un momento específico cada semana, idealmente el fin de semana, para revisar tu jornada de cocreación de la semana que pasó. Revisa tu diario de la gratitud, revisa tus visualizaciones y afirmaciones, reflexiona sobre tus experiencias, identifica tus éxitos y desafíos, analiza los patrones que se repiten, y planifica tus intenciones, metas y prácticas de cocreación para la semana siguiente. La revisión semanal te permite mantener la consciencia de tu jornada de cocreación, aprender de tus experiencias, y ajustar tu enfoque de forma continua y estratégica.

Aprendizaje Continuo y Expansión de la Consciencia: Nutriendo la Mente y el Espíritu: La cocreación consciente es una jornada de aprendizaje continuo y expansión de la consciencia. Mantente abierto al aprendizaje, explora nuevos conocimientos, lee libros inspiradores, participa en talleres, webinars, cursos online, charlas, eventos y otras actividades que expandan tu comprensión de la cocreación consciente y de temas relacionados como la física cuántica, la neurociencia, la psicología positiva, la espiritualidad, la metafísica, etc. Nutre tu mente y tu espíritu con conocimiento, sabiduría, inspiración y nuevas perspectivas, expandiendo continuamente tu consciencia y tu maestría de la cocreación.

Conexión con la Comunidad de Cocreadores Conscientes: Apoyo, Compartir e Inspiración Mutua: Mantener la conexión con la comunidad de cocreadores conscientes es fundamental para el apoyo, el compartir, la inspiración mutua y el fortalecimiento de tu jornada de cocreación a largo plazo. Mantén el contacto con tu compañero de responsabilidad, participa en tu grupo de mastermind, únete a comunidades online o presenciales de cocreación consciente, participa en eventos y encuentros de cocreadores, comparte tus experiencias, recibe apoyo, ofrece incentivo, intercambia ideas, inspírate y motívate mutuamente con otros que recorren un camino similar. La comunidad de cocreadores conscientes ofrece un sistema de apoyo valioso para sustentar tu jornada y expandir tu potencial de cocreación.

Flexibilidad, Adaptabilidad y Compasión Contigo Mismo: Danzando con el Flujo de la Vida: La jornada de la cocreación consciente a lo largo de la vida no es lineal ni perfecta; habrá altibajos, desafíos y logros, momentos de claridad y momentos de duda, periodos de gran flujo y periodos de aparente estancamiento. Es fundamental cultivar flexibilidad, adaptabilidad y compasión contigo mismo a lo largo de la jornada. Acepta los giros inesperados, adapta tus prácticas según sea necesario, perdónate por los "resbalones" o por las dificultades, celebra los pequeños progresos, y persiste en tu práctica con amor, fe y determinación. Recuerda que la cocreación consciente es una danza continua con el flujo de la vida, y que la maestría de la proyección consciente es una jornada de vida, no un destino final.

Celebrar los Logros y Expresar Gratitud por la Jornada Continua: Reconociendo la Magia de la Cocreación en la Vida: Por último, es esencial celebrar los logros, grandes y pequeños, a lo largo de la jornada de la cocreación consciente, y expresar gratitud continua por la magia de la manifestación que se manifiesta en tu vida, por las bendiciones que recibes, por las transformaciones que experimentas, por el crecimiento personal que alcanzas, y por la alegría de vivir una vida cocreada conscientemente. Reconoce y aprecia la belleza, la abundancia y la magia de la cocreación que se manifiesta en todas las áreas de tu vida, y expresa gratitud por el privilegio de ser un cocreador consciente de tu propia realidad. La celebración y la gratitud amplifican la energía de la manifestación, fortalecen tu fe y tu motivación, y enriquecen tu jornada de cocreación consciente a lo largo de la vida.

Integrando la Cocreación Consciente en Todas las Áreas de la Vida:

Para mantener la cocreación consciente como un estilo de vida permanente, es importante integrarla en todas las áreas de tu vida, aplicando los principios de la proyección consciente en todos los dominios de tu experiencia. Desde la salud y el bienestar, a la abundancia financiera y a la prosperidad, al hogar armonioso y al espacio sagrado, a los viajes mágicos y a las experiencias memorables, a las soluciones creativas y a la innovación, a la manifestación de sueños específicos, a la cocreación en comunidad y para el bien mayor, y a todas las otras áreas de tu vida, aplica conscientemente los principios de la cocreación, proyecta intenciones claras, visualiza la realidad deseada, utiliza afirmaciones potenciadoras, cultiva emociones positivas, sigue la acción inspirada, entrégate al flujo divino, y expresa gratitud continua. Integra la cocreación consciente en todas las dimensiones de tu existencia, transformándola en una forma de ser y de vivir que se manifiesta en todos los momentos y en todas las áreas de tu experiencia.

    Mantener la cocreación consciente a lo largo de la vida es abrazar una jornada continua de crecimiento personal, expansión de la consciencia y manifestación de la realidad de tus sueños. Es un proceso de convertirse en un maestro de tu propia vida, de vivir conscientemente como cocreador de tu experiencia, y de danzar en armonía con el universo, proyectando una realidad plena de belleza, abundancia, alegría, propósito y amor, en todos los momentos y en todas las áreas de tu vida. Comienza hoy mismo a consolidar los hábitos y prácticas continuas de la cocreación consciente en tu rutina diaria, y prepárate para presenciar una transformación extraordinaria de tu vida, a medida que te conviertes en un maestro de la proyección consciente y vives plenamente la realidad que tú eliges cocrear, ¡a lo largo de toda tu jornada!

Capítulo 30
Expansión y Nuevos Horizontes

El viaje de la cocreación consciente no termina; se expande, revelando nuevos horizontes y posibilidades ilimitadas. Cada pensamiento, emoción e intención moldea la realidad de forma continua, invitando a la evolución y al perfeccionamiento de la manifestación consciente. El dominio de la cocreación no es un fin, sino un proceso dinámico, una danza constante con la vida. Al abrazar esta expansión, te abres a nuevos descubrimientos, desafíos y oportunidades, cultivando una existencia plena de propósito, creatividad y realización.

Es fundamental recordar que la cocreación consciente no es un destino final, sino una danza continua, un proceso evolutivo y un viaje de expansión constante. La realidad está en permanente movimiento, en flujo constante, en transformación incesante. Así como la danza, la cocreación consciente es una expresión dinámica, fluida y adaptable, que se ajusta a los ritmos de la vida, a los cambios del ambiente, a los matices de las emociones y a la evolución de la conciencia.

La evolución es inherente al viaje de la cocreación consciente. A medida que practicas, experimentas, aprendes, reflexionas e integras los principios de la proyección consciente, tu comprensión de la cocreación se profundiza, tus habilidades de manifestación se perfeccionan, tu confianza en tu poder de cocreador se fortalece, y tu capacidad de vivir conscientemente la realidad deseada se expande. Permítete evolucionar continuamente en tu viaje de cocreación, abraza los nuevos aprendizajes, explora nuevas técnicas, desafía tus propios límites, y celebra cada paso de tu viaje evolutivo.

La expansión es la esencia de la danza de la cocreación. La cocreación consciente te invita a expandir tu conciencia, a ampliar tus horizontes, a explorar nuevos territorios de tu mente, de tu corazón y de tu espíritu, y a abrirte a nuevas posibilidades y potenciales ilimitados. Expande tu visión de la realidad, cuestiona tus creencias limitantes, desafía tus propias expectativas, abraza el cambio, explora lo desconocido, y permite que tu conciencia se expanda más allá de los límites de tu imaginación. La expansión de la conciencia es el combustible que alimenta la danza continua de la cocreación y que te impulsa hacia nuevos horizontes de realización y plenitud.

Al concluir este libro, te invito a mirar hacia el futuro con entusiasmo, esperanza y un sentimiento de potencial ilimitado. El viaje de la cocreación consciente es una puerta de entrada a un universo de posibilidades infinitas, donde tus sueños más audaces pueden hacerse realidad, donde tu capacidad de crear y manifestar es ilimitada, y donde tu experiencia de vida puede ser cada vez más plena, significativa, alegre y abundante.

Los nuevos horizontes que se abren frente a ti son vastos e inexplorados. Continúa danzando con la proyección consciente, experimentando nuevas técnicas, aplicando los principios de la cocreación en nuevas áreas de tu vida, desafiando tus propios límites, expandiendo tu conciencia, y descubriendo el potencial ilimitado que reside en ti y en tu capacidad de cocrear tu realidad. No te conformes con lo ordinario, lo previsible o lo limitado; atrévete a soñar en grande, imagina lo inimaginable, cree en lo imposible, y permite que tu danza de la cocreación te lleve a nuevos niveles de realización, abundancia y alegría, más allá de todo lo que alguna vez imaginaste que fuera posible.

Y así, llegamos al final de esta etapa de nuestra jornada exploratoria de la cocreación consciente. Pero, en verdad, este es solo el inicio de una danza continua, de una aventura sin fin, de un viaje de vida plena de magia, potencial y posibilidades. La danza de la cocreación continúa, en cada pensamiento, en cada emoción, en cada intención, en cada acción, en cada momento de tu vida. Ahora, más que nunca, eres consciente de tu poder de cocreador, capacitado con herramientas prácticas e inspirado por principios transformadores, y listo para asumir el papel de protagonista en la creación de tu realidad.

Te invito a continuar danzando con la proyección consciente, con alegría, entusiasmo, fe, confianza, gratitud, y la mente y el corazón abiertos a todas las infinitas posibilidades que el universo tiene para ofrecerte. Que tu danza sea cada vez más fluida, armoniosa, creativa, abundante, alegre, significativa, y llena de amor. Que tu viaje de cocreación consciente sea una aventura extraordinaria, una experiencia transformadora y una vida ricamente vivida, en todos los momentos y en todas las direcciones.

Con profunda gratitud por tu compañía en esta jornada, con alegría por presenciar tu despertar como cocreador consciente, y con entusiasmo por los nuevos horizontes que se abren frente a ti, me despido, por ahora, deseándote una danza continua, abundante, alegre e infinitamente creativa en el viaje de la cocreación de tu realidad consciente.

Con amor y votos de una danza continua y próspera.

www.ingramcontent.com/pod-product-compliance
Lightning Source LLC
LaVergne TN
LVHW041917070526
838199LV00051BA/2649